¡LA VERDAD!
GENERAL OCHOA
INOCENTE O CULPABLE

¡LA VERDAD!
GENERAL OCHOA
INOCENTE O CULPABLE

CESAR ARIET

Para ordenar copias adicionales de este libro, contactar:
Palibrio
1-877-407-5847
www.Palibrio.com
ordenes@palibrio.com
341694

Nota aclaratoria y de información:

<Si alguien de mi familia, o mi persona es agredida, acusada, demandada, o acosada, responsabilizo íntegramente al gobierno cubano, o algún infiltrado de este gobierno en los Estados Unidos o cualquier otro país del mundo incluyendo, a exoficial, militares, dirigentes, exiliados en los Estados Unidos>

<Los nombres de algunas personas han sido identificados con letras para respetar su privacidad, o participación en hechos, comentarios, anécdotas o vivencias, escritas en este libro.>

<Los nombres que aparecen, unos son amigos míos que están fallecidos y que cuento con la autorización de familiares para colocar sus fotos y los nombres de ellos.>

<Las fotos que aparecen en el libro son de mi absoluta propiedad por lo que no pueden ser copiadas, reproducidas ni publicadas, estas fotos fueron llevadas a Cuba, de Etiopia y luego traídas en 1996 por mi persona a los Estados Unidos.>

<Los nombres que aparecen de dirigentes políticos cubanos son figuras publicas los cuales en los países democráticos están sujetos a criticas y acusaciones publicas tanto reales como no reales por lo que me creo con todo el derecho de un Ciudadano Cubano y Norteamericano, de mencionar escribir y publicar.>

<No responsabilizo a la Editora Palibrío de participación, ni en la confección ni escritura de este libro, ni en fotos ni personas mencionadas en el.>

<Seria bien cruel después de un crimen como el que me ha hecho Fidel Castro y todos sus seguidores, organizaciones populares, gubernamentales y represivas perdiendo 44 años de mi vida, sueños y propósitos, no poder dejar una protesta escrita.

Haremos del muerto, polvo echémosle las culpas total esta muerto.

{Los muertos no salen, no pueden cobrar las calumnias que los cobardes, escriben para aliviarse del dolor que causa la envidia, pero lo que nunca estos hombres esperan, es que el muerto tenga un amigo, que levante la espada de honor, y corte la lengua de quien es cínico y despreciable.}

Cesar Ariet.

"De interés general"

Para las buenas o malas críticas, o envidiosos, aclaro que no soy un escritor profesional ni renombrado, ni poseo una preparación adecuada, ni una alta cultura, pero sí el valor de denunciar ante el mundo una de las dictaduras más criminales que han existido, la impuesta a Cuba, una historia de falacia, y de dar una imagen ante los países y sus pueblos, capaz de convencerlos de su bondad y de un sistema de igualdad que nunca existió.

A todos estos países como Venezuela, Niacragua, Bolovia los exhorto a que no permitan que estas ideas maquiavélicas y absurdas triunfen, pues solo se sumaran a la "ESCLAVITUD DEL SIGLO XXI".

Elevo mi más profunda admiración por todos los que han muerto en la lucha por la libertad de mi patria, "CUBA".

Agradecimientos a mis colaboradores, aclarando que no es de su responsabilidad nada de lo escrito por mi en este libro:

Gracias por la pasiensia, bondad, dulzura y profesionalismo de mi asesora de PALIBRIO Cristina Lazaro.

Gracias Especiales a un buen hombre honrrado servicial y amigo MANOLO C.

Gracias a mis talentosas y bellas Mary y Mabe.

Tambien incluyo, a aquellos colaboradores que aun continuan sin libertad y viviendo en el imfierno, y a quienes agradesco algunas informaciones M.A.—B.R.j—O.F.P.-S.P.—el LLORE y J.R.P/ EPD . . . .

—ᘉᘉᕦᔕᕦᖇᖇᕦᕦᖇᘉᘉ—

¿Inocentes o culpables?

Es justo y práctico, para el lector que conozca mi forma de pensar, mis opiniones, criterios y sentimientos para con la humanidad, lo que pienso, sobre los problemas mundiales, el desastre del planeta y el abuso, el racismo y la discriminación, la postura de políticos y gobernantes corruptos, robando la seguridad social para sus ansias de enriquecimiento, dando la espalda al dolor y la miseria de miles de seres humanos, mi opinión sobre la religión y los errores que ella encierra. En la actualidad, es hacer un llamado al vacío, que los gobernantes, organizaciones mundiales, y poderosos del mundo vean la realidad que viven miles de sus habitantes, el hambre, la sed y aún más, el peligro que se avecina para el planeta tierra, y el futuro de nuestros hijos ¿tiene usted una solución?

A mis sesenta años de camino por la vida, he estado observando día a día la mentalidad de los humanos, como se desarrollan, como se fortalecen, como unos utilizan estas cualidades para el bien y otros para el mal, realmente la humanidad misma, se esta destruyendo, y la mayor preocupación para mi es la perdida de los valores humanos, los familiares y los sociales, la insuficiente educación invade al mundo y nadie, toma esto con seriedad ni hacen nada para detenerlo, los hombres cada día somos mas violentos, llenos de ambición por el dinero y el poder, las experiencias por mi vividas me confirman cada día, el holocausto de la humanidad.

Sería importante que el lector analice, mi exposición, y detalle punto por punto el sentido y el mensaje que pretendo dejar, y es que todos despertemos y busquemos soluciones, y remedio a nuestra grave enfermedad, la ambición.

Es imposible descifrar, lo que piensa la persona que tenemos frente, que desea de nosotros, a que viene a nosotros, hasta que no recibimos una expresión, una voz de respuesta, una mirada o simplemente un gesto facial, no obtendremos nuestra respuesta, cualquiera de estas acciones nos dicen los deseos de esta persona a respondernos, a aceptarnos o atendernos. El humano elabora una respuesta, de acuerdo al estado sicológico en que se encuentre, responde con violencia, con educación o con amor.

La educación, y el estrés se dan la mano siendo esto un mal que posee la humanidad actual, y es muy visible, ¿quién no ha sido victima de una situación así?, quién no ha recibido o ha dado una mala respuesta, o ha rechazado a una persona al dirigirse a nosotros por que le cayó desagradable, por que esta sucio, por pobre, por el color de la piel, o por que estamos apurados, en fin esta, es la realidad actual, una bacteria agresiva que poco a poco va contaminando la humanidad.

Me fue triste y doloroso aprender, que en los Estados Unidos no se puede ser cortés, ni con los ancianos ni con las damas, que en los últimos tiempos no se puede socorrer ni a una persona accidentada, con los niños no puede casi ni mirarlos, ayudarlos en caso de que estén perdidos, puede ser acusado de tratar de robarlo, secuestrarlo o violarlo, a las bellas mujeres ni un piropo respetuoso se le puede decir, corre el peligro de ser denunciado por acoso sexual, si alguien puede debatirme mi exposición puede hacerlo, seamos sinceros.

En los últimos tiempos los noticiarios se enriquecen de sucesos, en el tráfico, en los trabajos, en las calles, en las escuelas, han aumentado los asesinatos, matan por el placer de hacerlo, y esto todo responde a la poca atención a nuestros hijos y familiares, las personas con desequilibrio mental pueden ser descubiertas a temprana edad, los divorcios, las drogas, los cambios en las costumbres y obligaciones para con nuestros hijos y familias hacen sin temor a equivocarme, la creación de estos problemas.

Haciendo una comparación, del hombre actual, y observando a los animales, nos daremos cuenta que estos, han conservado sus principios y valores lo que quiero decir es que vamos camino a la época de las cavernas y las piedras, tan es así que el hombre entrena, y obliga a estos a pelear para su propio disfrute, no es esto una prueba mas de su descalabro mental. Es inconcebible que el ser humano, se repele, se discrimine, se ofenda y se repudie, no quiero generalizar ni todos somos iguales, las nuevas generaciones de jóvenes, van avanzando y su educación es pésima, no saludan, no tienen una cortesía de caballerosidad, ni de sociedad, son violentos e indolentes, repudian a los ancianos olvidando, que son nuestros antecesores los que nos dieron el presente, y nos guían al futuro.

Esto es lo que podemos esperar, del hombre en años venideros, la humanidad se ha infestado de sentimientos crueles, la inconformidad que se convierte en el sentimiento más sucio de los hombres, la envidia, muchos lectores rechazaran mi ponencia, por no querer admitir ni aceptar estar contaminados, con estos virus.

Muchos hombres al ver que otros están mejor que ellos, que poseen más riquezas, o tienen algo que ellos anhelan, y no pueden alcanzar, se transforman tomando estas actitudes, llenas de los sentimientos que antes mencione, sin tener que profundizar en sicología, ni filosofía, hoy en día esto se puede ver en todos los niveles sociales en los vecinos, en el trabajo, en la oficina, se lo inculcan a los menores, en las novelas y películas de la TV, que en su mayoría refieren temas de este tipo, cizañas, traiciones, guerras entre familias por el poder, o por el dinero, los libros de cuentos, e incluso los animados para niños, donde siempre se impone la competencia entre ellos, los más fuertes, los que más riquezas poseen, la grandeza y las antiguas herencias de la llamada sangre azul.

En las escuelas, nuestros hijos compiten por la ropa que poseen, el auto de papa, la casa donde viven, todo esto desde pequeños se lo imponemos nosotros mismos sin darnos cuenta que les afectamos su futuro, no todos podremos ser millonarios, ni vivir las mejores casas, ni tener los mejores autos, por lo que los padres deben de educar a sus hijos, basados en realidades, no quiero que se mal interprete mi ponencia por que a los hijos que se le pueda dar una mejor vida jamás lo criticare, me refiero a inculcarles y hacerles ver, el sacrificio que hacemos para lo que hoy disfrutan, así el día de mañana, si no puede tener este estilo de vida sepa enfrentarse a ella.

Cuántos niños se enfrentan a la vida diariamente solos, después de haber vivido con papi y con mami dándoles todo, y poniéndolos ante el mundo, indefensos y se ven aplastados, por el método de crianza, a los hijos lejos de ayudarlos con esta crianza los perjudicamos.

Tengo dos hijos, y he cometido estos errores, en la actualidad después de haber luchado por su comodidad, alimentación, estudios, diversiones y todo lo que concierne a una buena crianza, y sin jamás explicarles que todo lo que he obtenido y luchado, para ellos me ha costado innumerables sacrificios, y que al final de la vida en muy pocos casos agradecen, créame, me ha pesado inmensamente. En la historia del hombre, la avaricia ha traído como resultado, 2 guerras mundiales, la muerte de miles de seres inocentes, terrorismo, y todo esto no ha mejorado, ni la miseria, ni el atraso, ni la incultura, los crímenes y abusos más horrendos del mundo han sido provocados por la avaricia, la envidia, las religiones, la política, el aferro al poder y al dinero. Sin filosofar de la vida, ni tampoco, imponiendo mi criterio quisiera, que nos preguntemos si, ¿la palabra HUMANOS, nos pertenece?

Si hacemos un auto análisis de cada vez que hemos actuado mal con amigos, esposa, hijos familia, con personas en las calles por errores de tránsito, y por muchas otras razones, nos daríamos cuenta que no somos tan humanos como decimos ser, si esta actitud del hombre, se pudiera controlar o simplemente eliminar, el mundo fuera mejor, seriamos millonarios, llenos de paz y armonía, sin guerras, sin odio, sin pobreza, sin ambiciones y sobre todo sin muertes ni hambruna. En la formación de un mundo mejor han incidido indiscutiblemente, todos estos males del hombre que anteriormente hable se ha malogrado, el trabajo y la vida de miles de hombres, que lucharon y luchan por una tierra de paz y amor, y sin equivocarme nadie quiere ceder, para lograr la PAZ.

Las religiones por ejemplo, unen al hombre pero también los separa, la religión en cierta medida detiene la violencia, por la cultura, educación social y familiar que les imparte a sus feligreses, pero a su vez los esclaviza y los divide por las formas de creencias, la de impartir el sentido Bíblico, y el mensaje que nos quiere dejar. Si hacemos un análisis, los musulmanes sus bases religiosas son las que rige el Coran, sus rituales, hábitos y leyes internas que desde años remotos el hombre las arrastra imponiéndolas a sus seguidores.

Los temores inculcados por estas religiones, amenazan con un juicio final que por sus errores o pecados cometidos en vida a la hora de su muerte, los pagarán ardiendo en los mármoles del infierno. Yo pregunto a usted: en los tiempos actuales, se ha convertido en moda la cremación, por razones que justificamos con que, la persona lo pidió en vida, ¿quien se lo pregunto al muerto?, como se entiende que el mismo hombre enjuicie a buenos y a malos, a morir quemado, acaso esta incineración no los convierte en cenizas esto no es lo mismo que ir al infierno, no nos engañemos a nosotros mismos, es mejor que digamos, no tenemos los recursos para invertir en realizar un mortuorio, o no queremos gastar dinero en esto, amigos la muerte es mas real que vivir, para nacer se necesita una serie de combinaciones naturales que son más difíciles de lograr, que solamente morir.

Existen hábitos y religiones en el mundo que, son inhumanas, abusivas, hacen negación a muchas de las ideas de Dios, el Profeta, El Gurú, como usted quiera llamarle, cambia los sentimientos naturales del hombre, la amistad, el amor a la vida y el valor que en realidad ella merece, algunas religiones les prohíben a sus creyentes y seguidores, ser sociales, tener amistades de otras religiones o naciones, ir a fiestas, reuniones de amigos y sociales. Si usted se detiene y piensa que todo esto, es ir en contra de los 10 mandamientos, que violamos todos diariamente.

Es muy valioso de aprovechar la vida, para poder repartir experiencia y conocimientos a otras personas en el mundo. En Etiopía ejemplo, le cortan el clítoris a las niñas desde temprana edad para que no sientan el deseo sexual femenino de hacer el amor, de ser atraídas por el sexo opuesto, que verdad religiosa hay en todo esto, cree usted que este salvajismo tiene algo de humano, seamos justo pero esto no es más que el malvado y cruel pensamiento del hombre, su egoísmo, y la maldad creada por el, a ningún dios se le ocurriría esto. Otro desenfrenado odio del hombre, el Islam su odio a los países de occidente, su inhumana sed de matar tratando de eliminarlos de la faz de la tierra, por querer imponer las costumbres y religión que profesan. Yo tuve la suerte de conocer a un Libanés AJ_M en PAZ descanse, después que el abandonó su familia, y fue a vivir a Cuba con su padre, me contaba sobre las costumbres de ellos, y el por que estos pueblos vivían aferrados al Corán, los pueblos Árabes son invadidos durante miles de años por la peor guerra que pueda un país tener, la ignorancia la incultura y aún más malo, la religión que ellos profesan que se niega al desarrollo y a compartir con el mundo moderno, están enclavados entre el camello, y la religión, cuando yo escuchaba sus palabras me daba cuenta de lo que hoy puedo escribir en mi libro, y de lo cual estoy totalmente convencido. Muchos países han quedado en la miseria y el atraso producto de heredar las ideas y religiones que los hombres que crearon hace cientos de años y que han quedado impuestas en todos estos países extremo religiosos, dejándolos esclavizados, atrasados ante el resto de la humanidad y muchos hasta sin desarrollar sus fuentes naturales y recursos, tanto materiales como humanos, cada vez que veo a un niño menor de edad judío con un sombrero negro, traje negro y unos hilos con nuditos colgando me indigno y pregunto no es esto un abuso infantil, saben sus padres si el quiere esta religión, esto se llama ATRASO. La inteligencia, simplemente es lo que divide al hombre, las clases sociales, el dinero y los bienes materiales son la lucha de toda su existencia, y así perdurara por años.

Los humanos debemos cambiar, ser mejores, renunciar a las reacciones animales que hablamos anteriormente, la avaricia, el poder impuesto sin la democracia requerida, la corrupción, no buscar la riqueza abusando de otros y explotando a inocentes, vendiendo drogas y envenenando a humanos que sufren y padecen de problemas de debilidad mental, frustraciones y otras convalecencias. El lugar donde crece, donde se cría, los padres que lo educaron, y el tipo de ejemplo y educación que tuvo en su niñez y juventud, le dará al hombre el lugar que ocupara en la sociedad.

La educación del hombre es responsabilidad total de los padres, mi punto de vista es que si, la educación moral y cívica se hubiera heredado de los antiguos tiempos, desde luego con algunos cambios necesarios, el mundo y la humanidad se hubieran salvado, de asesinos, ladrones, terroristas, sistemas políticos dictatoriales, imposición de religiones en la adolescencia, que solo ha sido causado por el alto costo en casi todos los países de la educación, esta es la realidad que vivimos hoy. La formación y educación del hombre, son heredadas, por sus hijos, desde hombres de bien hasta adictos a drogas, alcohol, pandilleros, criminales, narcotraficantes, si la cultura y educación del hombre hubiera sido igualmente repartida desde años remotos hoy tendríamos un mundo mejor. Lamentablemente tengo que hablar de un tema que si lo vemos con inteligencia me darán la razón, la falta de cultura en el mundo trae también, la creación de hijos no planificados y no deseados, el no pensar en el futuro, ni tener los recursos monetarios para la crianza de estos traen como consecuencias, no poder darle la adecuada educación, buena alimentación, falta de atención medica, y en muchos casos son asesinados por sus propios creadores, como se ve en la actualidad, por la falta de recursos, y de condiciones además de otros aspectos que sufre la humanidad actual. Yo no culpo a estos seres, si colocamos una cadena y analizamos su construcción nos daremos cuenta que están unidas por eslabones, si un eslabón se corta que sucede, se parte la cadena, así veo yo la vida y la educación del hombre en general, si desde años remotos las familias son educadas, con simples ejemplos de sus antecesores, no hablamos de estudios académicos ni universitarios, solo inculcar en nuestra familia la honradez, el respeto al prójimo, la cortesía, el trabajo y mezcladas con el amor, las cadenas que nos enlazan no estuvieran rotas. En el año 2005, estuve de vacaciones por Paris Francia con mi esposa, nos dimos a la tarea de comprarle a los nietos algún regalo, comenzamos a caminar en busca de tiendas en el centro de Paris, y nos encontramos con que las tiendas de bebes eran escasas, también nos dimos cuenta, en tanto caminar por la ciudad y barrios parisinos, que no se veían niños pequeños ni bebes en las calles en sus coches ni jugando en fin lo común que se ve en otros países desarrollados y no desarrollados, del mundo. Con esto, pude probar mi teoría de que la educación y la responsabilidad van de la mano, los franceses han detenido y controlado su reproducción humana por la abrumadora caída de la economía mundial, les dio sobradas razones para limitarse y comprender que la época no es para procrear. El desarrollo cultural que tienen estas poblaciones, de la que otros países y pueblos carecen, hacen la gran diferencia. Esto mismo lo pude ver en Italia y muchos países europeos. Como pueden ver esto es y será siempre una de las causas de que el hombre se favorece por su lugar de nacimiento, donde se cría de donde sale su familia, y el grado de desarrollo, de sus antecesores, los hombres no todos vinimos al mundo a ser un talento, pero de los menos inteligentes, y los más inteligentes la humanidad se nutre para desarrollarse, esta es otra razón que divide al hombre, quizás la mas importante, y es de donde yo argumento, que el hombre no se debe calificar por el color de la piel ni el país de nacimiento, el hombre debe ser calificado por el grado de desarrollo mental, por su educación y la cultura que posee. La inteligencia desgraciadamente, no la repartieron por igual, pero el hombre y su poder con el dinero le permiten comprar esta y todo lo que se les ocurra.

El pasado presidente republicano, sin diplomas ni doctorados y con un visible retraso mental que refleja abiertamente en su cara y en su caminar, el cowboy domador de CADILLAC, ha sido a mi forma de ver, el presidente de EU mas inculto de todas las épocas.

Este ejemplar presidente, invadido por sentimientos, de ranchero millonario fabricante de armas, aberrado racista y avaricioso por excelencia lo he nombrado ¡el animal de fango! de G W B.

Aprovechando la incultura, de los pobres electores políticos, la mala información para los electores y el poder del partido Republicano, estos electores que en su mayoría tienen a penas 10 minutos de su abatido tiempo, para leer, estudiar la biografía o la historia del político que va a asumir la presidencia, y que hacen su elección llevados, por las emociones de discursos de campaña que están siempre llenos de sueños, prometiendo los cambios necesarios, para mejorar sus vidas y que jamás cumplen.

De esta forma, el cowboy asume la presidencia del país mas poderoso del mundo, este Sr. en corto tiempo emprende, una guerra injusta e innecesaria e impone a cientos de inocentes, residentes e indocumentados, a morir por razones de la Patria y la Bandera.

Lo que si jamás el pueblo, se pudo imaginar que solo puras ambiciones y los macabros deseos de ajustar cuentas y venganza personal, los dejaría llenos de luto, lagrimas y dolor, jamás estos hombres dejarían abierta al pueblo la verdad de lo que son capaces, los políticos y los presidentes.

De generación en generación en el mundo suceden incidentes dentro de los políticos, como por ejemplo los zapatos lanzados por un periodista al presidente B, y que tuvimos la suerte de ver en la TV y la prensa, otras pasan, sin ser publicadas ni descubiertas, y otras o un gran porcentaje no las vieron, y otros no las recuerdan.

Este incidente, que ha continuación relato y que confirme su veracidad, fueron publicados, pero al paso de los años, lógicamente el pueblo olvido: El padre del presidente B, el ex presidente G B, fue escupido en la cara por el dictador de Irak Sadan Husein, en una conferencia internacional por razones políticas, personales y de odio, que son sembradas por su religión y por las intromisiones de lo EU, en sus países, este incidente los señores Busch, no podían dejarlo pasar por alto, aprovechando esta y otras razones, como posesión de armamento químico del gobierno de Irak, convirtieron un problema personal en un problema entre naciones. Sin medir perdidas humanas, ni económicas, la ofensa tenia que ser vengada, estos señores que dominan el país mas poderoso del mundo se aprovecharon, de la estúpida elección de un presidente mas de la familia B, y le ajustaron cuentas a este terrorista, para saciar la sed de venganza, que provoco la muerte de miles de inocentes enviados a una guerra, injusta y absurda, sin poder probar la existencia de armas químicas ni ninguna otra razón, dándole como siempre las vueltas, que duermen y convencen a los pueblos, la guerra trajo como consecuencia, una complicada destrucción de la economía mundial, por el alza del costo del petróleo que ocasionó esta guerra en el oriente, y la presencia de soldados americanos en esta zona.

La familia B, incrementaron, sus cuentas bancarias, al vender armamento para esta guerra, los B son propietarios de varias, fabricas de arma, en los Estados Unidos.

Ya casi ha terminado la guerra y ningún político ha podido explicar, de que valió todo este sacrificio, cuales son los resultados que han hecho sufrir a sus hijos. El Sr. B entrego la presidencia de EU con miles de soldados muertos, nadie le ha pedido cuenta, ni resultado convincentes del por que esta guerra, y que resolvió, que le aporto a la humanidad y a los pueblos.

Hace unos días el ex presidente de los EU B inauguró, una librería que lleva su nombre, y donde se deja ver la increíble desorientación, política y de principios que tienen los hombres en el mundo, el valor que nos damos, los pueblos, y lo que somos y seremos, para estos hombres, los políticos y presidentes. Los pueblos, nos hemos hecho dependientes de los crueles, y habilidosos que en su gran mayoría son mentirosos y estafadores, vivimos engañados con nuestra participación en las elecciones de los gobiernos a través del voto, la llamada democracia no es más que otra forma de que éstos, logren sus sueños.

La política, es a mi criterio como las religiones, prometen milagros que en miles de años nadie ha podido comprobar, la tragedia que nos acecha, el constante y diario trabajar de los pobres para alcanzar comer, vestirse, un techo, criar, y mal educar a nuestros hijos es el pan de cada día, esto nos ocupa nuestras mentes para que no tengamos tiempo de ver, como los gobiernos, toman nuestro dinero de los impuestos y el seguro social, para ellos vivir y enriquecerse, los gobernantes manejan a los pueblos a su antojo, cambian las constituciones de los países, las leyes las transforman y violan nuestros derechos y beneficios.

Es casi diario escuchar noticias de niños con necesidades de atención medica tratando de salvar sus vidas, pidiendo a través de los medios de comunicación ayuda monetaria para pagar a los hospitales y médicos, excesivas sumas de dinero por operaciones y servicios, que si no son pagadas los persigue por el resto de sus vidas, y que en la mayoría de los casos no logran pagar.

Cual es la humanidad que profesamos, son hijos de dios estos niños, y los dueños de estas gigantescas compañías de seguros médicos, los dueños de estos hospitales acaso no practican religiones, no sienten dolor, por los seres humanos. Los gobernantes deben pensar en crear seguros médicos sociales, como ya tienen en muchos países, al menos cubrir una minima atención medica, miles de obreros como yo, pagamos seguro medico por años mientras trabajamos hablamos de $300 o más al mes, cuando dejamos de trabajar pierde todo ese dinero y los derechos de atención, en muchos casos no son utilizados nunca estos servicios del seguro. En la actualidad, al 60% de la humanidad, se observa con falta de interés por la superación y los estudios, este porcentaje nunca llegara a desarrollarse primero por el alto costo de los estudios, la escasa educación social, y que la misma sociedad, se ha enfrascado en un desesperado y acelerado estatus de miseria que crean serios problemas, a la salud mental el stress, y en algunos casos el suicidio de ellos y sus familias etc. Los créditos, y préstamos bancarios, es la forma más común de endeudar a los pobres los grandes y largos pagos, los altos intereses en que los únicos favorecidos son los bancos. Lamentablemente el sueño americano, no muchos emigrantes pueden lograrlo en su totalidad, es claro y lógico que si no estudiamos, no nos criamos o nacemos en este país nunca vamos a reunir la secuencia de este anhelado sueño. Es un sistema en que se necesita, dominar el idioma, estudiar una carrera o un oficio y que se haya, graduado en este país, después instalar un negocio, que este firme y produzca, una buena ganancia, compra de una casa, compra del auto nuevo, los útiles de recreación un bote etc. de esta forma un amigo mío americano nacido aquí me lo explico.

El sistema de gastos debe también poseer una formula, la primera semana de cobro la renta, o pago de la casa, la segunda gastos de auto, teléfono, agua, electricidad, la tercera alimentos ropa y otros y la cuarta las vacaciones y los ahorros, después de haber llegado a esta cúspide, vienen los hijos o sea el crecimiento de la familia, esta es la secuencia, que nos lleva al sueño americano.

La juventud actual, no persigue ni le importan estos sueños, se casan precipitadamente, enseguida a tener hijos y que los tienen, en plena adolescencia, casi siempre carecen de profesiones ni estudios, no poseen una carrera universitaria, ni son profesionales ni tienen un oficio. Los jóvenes, al tener la edad de la adolescencia se involucran muchos en pandillas y violencia, otros por problemas de crianza, como falta de sus padres, divorcio, la muerte o el abandono, sus vidas toman caminos errados sin orientación, y no me refiero solo a los EU, el mundo en general esta atravesando por estas desgracias. Pero lamentablemente, lo que no miramos es que estos jóvenes actuales, son el futuro del mundo, al cual veo de una manera incierta desequilibrada, vamos sin timón hacia una catástrofe, de gran envergadura. Los estudios, encuestas, registros poblacionales y censos arrojan datos que demuestra mi ponencia y que recomiendo que todos nos informemos, luchemos por una solución y no dejemos que esto nos pase por encima, no esperemos mas el fin del mundo que religiones sin escrúpulos y retrogradas anuncian, hagamos un mundo mejor antes de que nosotros mismos seamos los autores del fin del planeta.

Un aspecto importante que no puedo dejar pasar, es sobre la raza negra esta, fue traída por los descubridores de America y de diferentes países, entre ellos, España, Países Árabes, Ingleses etc. África en aquellos tiempos como en la actualidad, exceptuando algunas ciudades creadas por interventores de otros países, extrajeron a los negros y estos fueron utilizados como esclavos, a largas horas de duro trabajo, maltratados, hambrientos y esto ha acontecido durante siglos, varias generaciones han continuado, con esta injusticia, todo esto lo justificaron hombres blancos por años por el color de la piel. Lo que nunca pensamos fue, que consecuencias le traería al mundo actual este egoísmo y crimen de los hombres, cuantos problemas ha acarreado, y cuantos mas habrán, en el presente por esta posición, abusiva y racista. La falta de educación de estudios y de cultura, bloqueada por el hombre blanco, durante siglos creo en ellos el odio, el complejo, la violencia y la agresividad que actualmente sufren, y que desencadeno el desprecio de ellos hacia la raza blanca.

Este odio ha sido y seguirá siendo, heredada por ellos, de generación en generación por lo cual y con sobradas razones nunca, existirá amor entre blancos y negros.

Viví en África durante 3 años, es algo espeluznante la situación de sus pobladores nadie podrá jamás lograr que estos seres humanos se desarrollen y puedan tener al menos lo imprescindible para subsistir el porvenir de los pueblos africanos excepto algunos como Sudáfrica no tienen esperanzas ninguna, de al menos igualarse a las clases pobres de nuestros países.

En el año 1978, como mas adelante les contare estuve, en el desierto del Ogaden al sur de Etiopia en África, pude ver las pruebas allí hechas por el ejercito Etiope, de armas químicas como el NAPAL, un Gas llamado FOSGENO, pude ver a los soldados Somalos arder, sin poder apagarle las llamas que brotaban de sus cuerpos, no solo lo sufrían estos hombres que invadían estos territorios de Etiopia, también niños, ancianos que poblaban estos territorios afectados por la guerra, según los expertos, las secuelas que dejan estos gases, son arrastradas por los humanos, la flora y la fauna.

Después de años de terminada la guerra en Etiopia, muchos territorios del Ogadén sufrían estos efectos, que dejan los armamentos químicos que fueron utilizados, en estas regiones del desierto donde existen aldeas, y poblaciones. La Organización de la Unidad Africana realizo unos estudios y, de cada 100 niños nacidos solo 25 logran sobrevivir, 15 nacen con malformaciones congénitas y solo diez nacen sin anomalías, pero con alta desnutrición. Estos gases solo de inhalarlo una vez son capaces de dejar secuelas de toxico para toda la vida a estas personas.

Es algo sorprendente, que el mundo viva de espaldas a estas realidades, el porcentaje de vida del hombre en África por razones de desnutrición, enfermedades y condiciones de vida, es de 35 años.

Esta información, demuestra los horrores que los hombres hacen por odio y enriquecimiento.

Unos informes secretos, revelados en la Internet por el FBI denuncio, a unos laboratorista mexicanos que fueron detenidos he interrogados por la policía federal de México, y que declararon haber recibido del narcotráfico en México sumas de dinero, por contaminar unas bolsas de sangre, y bacilos de pruebas, para regar bacterias del virus H1 N1, en regiones de México, en represalia por la ofensiva policial del gobierno Mexicano contra el narcotráfico. Estas criminales acciones lograron afectar el turismo en este país, y su economía, afectaron a países vecinos, solo la ambición de estos dementes hombres que pagaron, a estos laboratorista y que supuestamente su labor es salvar vidas, ocasionaron la muerte de varias personas inocentes casi creando una pandemia, en el mundo.

El gobierno Mexicano, se ha mantenido en silencio total sin revelar ni darles una satisfacción a cientos de turistas, que tomaban vacaciones en estas zonas, por temor a represalias de los narcos, y acciones de los afectados.

Necesito aclarar que no quiero, ser acusado de crear falsas noticias, estas y muchas otras las puede ver en una sección en Google, llamada <Sobre los Limites> y donde se pueden leer, noticias e informaciones.

La fe del hombre, para mi es una de las formas de explotación mas crueles que he podido ver, quienes dirigen a estos grupos, reunidos en templos e iglesias llamados pastores o sacerdotes, que para sus fieles representan a dios o son el mismo Dios, ellos realizan milagros de sanación, durante años les prometen cambios, sanarlos de sus males, por los que esperan años por los resultados.

Yo pregunto, a quienes asisten a estos centros con las esperanzas de que les resuelvan sus penurias y problemas, se han solucionado en realidad estos problemas, cuando no se solucionan a que conclusión llega. Estas personas en muchos casos son de baja cultura y humilde procedencia, les pagan a estos pastores, con el diezmo de su salario para mantener a este hombre y al templo, con este dinero les cubren todas las necesidades económicas, estos señores no trabajan solo se dedican a profesar y promulgar las ideas religiosas. En muchas ocasiones, estos pastores son denunciados, por el estilo de vida que tienen poseen autos costosos, grandes residencias, bienes, joyas vacacionar y viajar, con el dinero de los que esperan con fe, la solución de sus males, descubriéndose que son unos ladrones y estafadores, y lo mas que me molesta es que aun siguen abusando de esta ignorancia.

Cual es la diferencia que tiene este señor pastor con nosotros, ninguna simplemente desarrolla la fuerza de la palabra con estudios y entrenamiento que les proporciona, leer los versículos y pasajes Bíblicos, y darle facilidad de convencimiento. En varias ocasiones, me he puesto a escuchar, a estos pastores en la TV y, o pierden el sentido de la información que están proyectando o saltan el tema, la conclusión a la cual deseo llegar es que solo nosotros, somos responsables de tener el poder y la sabiduría necesarias para leer, interpretar y no depender de nadie, estudiar, y aprender no es solo responsabilidad de la infancia que tuvimos, ni de nuestros padres, ni del costo de los estudios, la enseñanza autodidacta es el esfuerzo el amor y la dedicación que le pongamos a nuestra meta.

En todos los tipos de religiones creadas, existen una serie de limitaciones para vivir por los rituales y leyes que están dispuestas en ellas y que le hacen al hombre una vida monótona, otras se limitan de diversiones, fiestas, celebraciones, la atención medica, en algunas religiones no se les permite, a sus fieles recibir una transfusión sanguínea, prefieren morir antes de ser salvados, con sangre ajena. Otros son tan aberrados, a estas que son capaces de inmolarse por estar después de muertos en los paraísos prometidos, de acuerdo a historias escritas en el llamado libro sagrado, Dios lleva, al paraíso a un hombre que se quita la vida, matando a inocentes, por simples pensamientos, hábitos y costumbres que los occidentales resquebrajamos, <de que humanidad ni de que religión me hablan>, los criminales ataques del 911 en el 2001 si existiera un ser supremo, un Dios, un Ala, un Gurú, hubiera permitido semejante salvajismo.

Muchas religiones, creadas hace miles de años, con aberradas ideas e incomprensibles métodos, inhumanas obligaciones que niegan el desarrollo y la tecnología de la humanidad les crean, desde pequeño a sus hijos odio a los occidentales, les crean ideas separatistas, y raciales negando el amor y la amistad, yo diría que los ponen en la misma posición que los partidos políticos.

Si un todo poderoso es capaz de realizar milagros de resurrección, y de curación, como va a permitir, muerte, odio, guerra, hambre, enfermedades, que realidad hay en todas estas religiones, dado los siglos que llevan los hombres esperando y teniendo fe, deseo alguna prueba contundente, quiero una muestra, por que los hospitales infantiles están llenos de niños con cáncer Terminal, me parece escuchar la temerosa respuesta de un creyente Dios no puede estar en todas partes, o Dios lo dispuso así.

La imposición, de ideas políticas y religiosas a personas ignorantes, incultas, o a niños inocentes, es para mí un crimen cobarde e inhumano.

Si considera usted que mi exposición es impropia, demuéstreme lo contrario con hechos y bases firmes, la fe no ha solucionado nada ni lo hará, la vida, el valor y el trabajo son la única vía y solución para la humanidad. Vivir, es para los hombres y mujeres que se enfrentan a la vida con valor y energía, que no acuden a religiones y creencias para sentirse apoyados o acompañados en circunstancias y problemas que la vida nos da en nuestro camino por ella. El mayor valor que puede tener un ser humano, es tener cultura, estudios, utilizándolo para el bienestar ajeno y de la humanidad, lo que nos puede salvar es el amor real al prójimo, eliminar la indolencia, la hipocresía y ayudar a los mas necesitados, reparta amor a sus semejantes, ame y comparta, con su familia y amigos, no mas golpes a las mujeres que son, ¡La maquinaria natural de la vida!

Pare de adorar a un Dios, y de darles mas riquezas a estas iglesias, done su dinero a instituciones reales que son las que en verdad ayudan al prójimo, si dios no puede parar los desastres naturales, que según su doctrina e historia, puede y es dominio de el, por que si estos son sus poderes, permite guerras, abusos, terrorismo, hambre y pobreza.

Tuve la oportunidad de recorrer gran parte de Europa, España, Italia, Francia y países Latino Americanos y Africanos, después de recorrer estos países me sentí un poco indignado, al observar tanta riqueza y tantos recursos que posee la iglesia católica, y otras religiones.

Altares, estatuas, construcciones, pinturas en oro, plata, platino, piedras preciosas, mármoles, y cientos de años de trabajo de varias generaciones que han levantado por siglos templos, catedrales, conventos.

Visite el Vaticano y la seguridad y mantenimiento de esta sede debe costarles a los feligreses miles de dólares diarios, ¿sabe usted el costo del traje que lleva el PAPA puesto?, el costo de ayudantes y servidores, yo pregunto el PAPA no podría despojarse de todas estas riquezas para evitar, los miles de niños que mueren a diario por hambre, sed y falta de atención medica.

El comienzo de la mal llamada civilización ha sido desastroso, la mala utilización de los recursos naturales ha sido realmente, algo cruel si todos pertenecemos al mismo planeta por que no se compartió, y se respeto sus riquezas, supuestamente un Dios las creo, para los hombres para su bienestar, y desarrollo.

Aquí esta la respuesta a mi ponencia anterior, el hombre, esta dotado de la inteligencia para desarrollar, crear, destruir, matar somos crueles, ambiciosos y nos cuesta trabajo seguir a Dios según las religiones, cumplir con los 10 mandamientos, para no tener que pedir en confesión el perdón de los pecados.

Entre otros problemas, que la humanidad enfrenta esta el ejercito de hombres y mujeres que reclutan a sus hijos desde pequeños imponiéndoles las reglas de sus religiones sin dejar que las determinen ellos a su mayoría de edad, esto es injusto y si violan los derechos humanos del hombre, nadie lo dice ni lo escribe, ¿Por qué?. Cada ser tiene el derecho de amar, sentir fe en lo que razone a su mayoría de edad practicar la religión que desee y la política, estudios y vida tanto personal como social. Cuando niño, estuve en una escuela católica donde realice mis estudios de 2do hasta 5to grados primarios, aquí tenia que estudiar la religión católica, asistir a misa diariamente, rezar y confesar mis pecados, estudiar el catecismo, la historia de cristo como una asignatura de calificación promotora, que opina usted de esto. A decir verdad desde esa edad, nunca fue de mi agrado, por que realmente desde esa época veía, lo injusto de tener que adaptar mi vida a métodos y sistemas, confesarle a otro hombre mis problemas e indisciplinas intimas para ser perdonado por el pecado cometido. Algo que tampoco me convenció, y que nunca pude entender, eran los golpes y castigos que estos supuestos curas católicos, hombres que apestaban agrio y que la higiene personal era escasa, con abusos sexuales y golpes a inocentes, fui testigo de ver tocar a un niño por las manos del padre Ángel profesor de los Hermanos Maristas de la Víbora, esto lo llevo en mi corazón y memoria, hasta la muerte. En la actualidad me convenzo del error que los llevo a esta religión cautiva, e innecesaria, declarar el coito como pecado, se imaginan que seria hoy el mundo si el Pitecántropos Erectus no hubiera realizado el coito por ser un pecado, no existiera la humanidad, a quien se le ocurrió esta imberbe decisión. El nunca haber desahogado las espermas, ha traído como consecuencia, cientos de años de abusos sexuales a menores e inocentes, que en la actualidad salen a la luz, y yo pregunto, donde esta dios que permitió esto, cuanto me alegraría que el PAPA y muchos católicos leyeran mi libro, son pocos los que se atreven a escribir y ponerse en contra de todas estas religiones, criticarlas abiertamente, sin temor, me atrevo a decir, que muchos no leerán mi libro o al llegar a estas paginas o por la propaganda y criticas a las que espero con ansias, lo invito a que se haga un análisis a usted mismo a pensar en mi ponencia.

Me llaman la atención los grandes asesinos, mafiosos, ladrones, enfermos mentales y violadores de inocentes niños, profesando religiones, estoy convencido que esta dura realidad es solo culpa del hombre y la educación crianza y destino que le damos a nuestros hijos.

Las llamadas religiones oscuras, como las religiones Orúmila, Lucumí, Santería, Palo son y están a pesar de haberlas practicado en años pasados, fuera de toda mi aceptación, el haber conocido este mundo me hace y me convence, que solo acudimos a ellas cuando la vida nos lleva a enfermedades nuestras o de nuestros seres queridos, obstrucciones a deseos de negocios y riqueza, documentos o viajes obstruidos por los mismos seres, los hombres.

Los incontrolables instintos que muchos no podemos dominar ni controlar a veces, con una gran cultura y educación, esa fuerza de la mente humana, la sed del hombre de riqueza y dinero, es en estos momentos el tema que mas males esta creándole a la humanidad, sin distinción ni respeto, acaso esto se lo cargamos a dios o al diablo, puede a no ser la misma violencia, detener estas mentes.

En estos momentos, ni el castigo, ni la detención por las fuerzas legales, han logrado frenar, la corrupción de las propias autoridades gubernamentales, la ambición del dinero, los asesinatos y crímenes que salen diariamente en las noticias. Seamos objetivos y dominemos, el temor de ser castigados al morir, seguramente no ha tenido, que estar en una guerra, en un combate, lo mas cercano a la mas fuerte, y segura de las facetas de la vida, la muerte, ha tenido usted que enterrar o exhumar usted mismo con sus manos a un ser querido, mover de el camino a seres humanos muertos y casi en estado de putrefacción, si no ha tenido que hacerlo alégrese, usted jamás podrá evitar el temor que le han inculcado, los mas inteligentes o fantasiosos hombres un legado de nuestros antepasados y un inevitable paso de la vida. Yo quise, extraer los restos de mis padres que se encontraban juntos en una tumba, uno encima del otro se habían mezclados los huesos, porque los ataúdes de Cuba son de la mas mala madera que se pueda ver, se destruyen a veces en la funeraria. Tuve que auxiliarme con un experto patólogo a la hora de seleccionar los huesos de cada uno, al tomar estos huesos de mis padres estaban ya después de 24 años desechos pero, sentí la necesidad de besarlos, limpiarlos, observe que casi se destruían en mis manos, sin embargo algo me hizo detenerme y meditar, al ver el estado del vestido de mi madre, las medias de mi padre y otras cosas materiales estaban allí sucias pero no desechas.

Esto que la vida me regaló, se lo agradezco me dejo ver, que mis experiencias no me dejan llevarme por historias de espíritus, ni de hadas tampoco de la absurda historia del paraíso y del infierno, esto me fortalece y me confirma, que sólo existe la vida, que nos regalan papa y mama, la muerte si no se busca antes de tiempo, de forma natural, o de gratis, tenga por seguro que se la mandan quiera o no, tenga o no dinero, tenga o no poder haya sido bueno o malo cristiano o espiritista, mi consenso es ser mejor humano cada día.

Cuantos niños hombres, mujeres y ancianos, mueren a diario en desastres naturales, epidemias, enfermedades, hambre, sed, guerras injustas, escasez, falta de recursos y dinero. Yo no puedo conociendo y viendo los miles de años de nacido el hombre hacer un rezo por los enfermos o damnificados de los desastres. La realidad, y la solución es darle y proveerles a estos lo que podamos para una verdadera ayuda, nunca en mis 60 años he visto ningún milagro cada día me convenzo mas de que hemos y estamos cometiendo un error grave al dejarnos llevar por la fantasías religiosas.

En este mismo momento, que estoy escribiendo mi libro un terremoto de 7 grados azota la isla de la española específicamente Haití uno de los mas pobres países del mundo, son dolorosas e impresionantes las imágenes que se ven y la situación de esos seres humanos, y esto no basta y ahora en el mes de noviembre un huracán los azota con vientos y lluvias apenas se recuperan. Entre las noticias de la TV anuncian una velada religiosa para los muertos en Haití, no entiendo a la humanidad.

Asombroso, dentro de la desgracia del pueblo haitiano, dan por desaparecido al presidente de este país, después de unos días lo encontraron en el aeropuerto, donde permaneció resguardado de las inclemencias del tiempo por ser una construcción confiable ¡tremendo!, < parece gracioso>. Cree usted que algún dinero que sea donado al pueblo haitiano y que llegue a las manos de este valiente presidente lo vera el pueblo, aunque yo creo que es demasiado tarde para recuperarnos de estos problemas.

Le recomiendo que el dinero que vaya a dar en las iglesias dónelo o llévelo usted mismo a sus familias y amigos o a fundaciones que ayuden con seriedad a estos pobres y no, al hombre que es rico y duerme en una cama cómoda y caliente como la que poseen los curas, sacerdotes y pastores. Estas llamadas fundaciones y recaudadoras de dinero para pobres en un 60% son corruptas, y el supuesto dinero es para pagar salarios a los que lo recolectan y administran. Hay una situación que a muchos nos preocupa, la forma de criar nuestros hijos, hablarle a los niños y a los jóvenes del amor, la paz, la ternura hablarle con palabras suaves y hermosas, de lo bueno que es tener una familia en armonía, cuidar de los ancianos, que fueron quienes nos trajeron al mundo y nos educaron crearon las bases en el mundo para nuestro disfrute, la buena educación es el secreto de una buena vida, buenos modales, amar y respetar repito es el secreto para vivir mejor, para crecer y ser una persona llena de optimismo con mente positiva sin complejos y construyendo un mundo mejor. Una infancia feliz aunque sea pobre con una base y una formación adecuada sin mal trato sin malos ejemplos esta demostrado y confirmado por mi experiencia que nos hace, crecer dóciles, alegres y con un grado de humanidad mayor, con aceptación y valor para enfrentar el duro vivir, la capacidad para amar respetar y ver la vida con alegría. Considero, también que justificarnos con la frase mala suerte o destino es sin dudas, falta de valor ante la vida el triunfo, nos esta esperando después del sacrificio, la capacitación personal, el desarrollo que seamos capases de obtener, adjunto a nuestro comportamiento en la vida con los semejantes, los hijos, familias, y seres en general.

He conocido casos de hombres que a pesar de haber tenido la infancia pobre, la enseñanza baja, sin poder ejercitarse en la adolescencia cuando mas poder de captación tiene el ser humano, ante las mas grandes dificultades, han logrado grandes resultados positivos, así queda demostrado, que la llamada inteligencia solo la da el sacrificio, la tenacidad, la vocación, el amor y la dedicación.

Amigo si usted interpreta, lo que le acabo de decir le puedo afirmar que la vida le será mucho mejor en el acontecer diario, las relaciones con la familia, amigos, hijos y esposa, también nos enseña a valorar mas lo que tenemos.

Cuando nos comparamos con los que no tienen el valor de sacrificarse y desarrollarse aumenta la autoestima nuestra y nos sentimos fuertes, los logros son solo fruto del sacrificio.

Los seres humanos somos capaces de adaptarnos, a cualquier medio de vida respondiendo a las más extremas vicisitudes climáticas y riesgosas, aun con los mínimos recursos sin estudios ni una adecuada cultura.

De esta manera, y con todas las dudas que pueda tener el lector sobre mis conceptos y pensamientos, comenzare una serie de anécdotas e historias, sobre un hombre, que fue apagado, que fue inculpado y asesinado para justificar, errores, ambiciones, acciones ilegales con el fin de defender posiciones políticas y gubernamentales, incorporando también las insólitas actitudes.

Sin apenas una educación básica, sin altos estudios militares, cargo sobre sus hombros un ejercito de hombres en un país colmado de diversas religiones llenas de atraso, y subdesarrollo, llevado también por la cultura musulmana, un país que siempre se conformo con un sistema de vida y costumbres arrastradas por miles de años y cientos de generaciones, que los llevaban a la muerte en pleno combate, debido a las obligaciones de su religión, que pude ver y que crearon en mi horror.

El hombre que les menciono, fue un gran guerrero, un valeroso hombre que su fidelidad, y su lealtad fueron aprovechadas por hombres sin escrúpulos, para limpiar y justificar las acciones de corrupción, y violaciones de las leyes, el enriquecimiento a través de actividades comerciales con drogas, armas, y mercancías prohibidas y de mala procedencia. Este Hombre, fue y sigue siendo un ejemplo de amigo, de excelente padre, con buen carácter, buenos hábitos, con sentimientos que han tratado de tergiversar, un jefe que siempre se gano la admiración y el respeto de su tropa, que siempre siguió al pie de la letra, las ordenes de sus superiores, y las ideas y decisiones de un demente y aberrado dictador, y quien mas tarde lo traicionara, llevándolo a la muerte, para continuar una dictadura, con 52 años impuesta con una antihumana e introvertida ideología.

Este hombre es el general de División Arnaldo Tomas Ochoa Sánchez, a quien conocí, desde el año 1970, en Cuba en la piquera de autos y servicios de transporte 3359 del Ministerio de las Fuerzas Armadas de Cuba situado en la mal llamada, Plaza de la Revolución.

Yo era miembro en ese entonces de el servicio militar obligatorio, que aún funciona en ese país, mi labor era mecánico de autos, tuve la desgracia de pasar por la inexperiencia juvenil, de que cuando fui llamado para cumplir este servicio de cumplimiento con la Patria, ya yo estaba calificado con la categoría de mecánico automotriz clase A, y devengaba un salario que en esos tiempos, era suficiente para vivir, por que aún la economía del país, y su poder adquisitivo eran aceptables. Al ser llamado para el cumplimiento, me propusieron que si deseaba, en vez de cumplir 3 años, que eran los establecidos por la ley y que solo pagaban, 7 pesos al mes, a lo que la no aceptación de mi parte era imposible, me propusieron que si aceptaba permanecer por 5 años, con el salario que yo poseía como empleado, de una empresa del gobierno prestando servicios de reparación de camiones y autos en la cual me pagaban 207.00 pesos. Rápidamente, acepte dada la necesidad financiera, que un hombre con 20 años tiene.

De esta decisión, me arrepiento eternamente, pues alargue aún más el mas grande de los sufrimientos de mi vida, hambre, sueño, trabajo de 10 horas y más diarias, guardias de madrugada innecesarias, estudios políticos que me hacían sentir amargado, perdiendo mi tiempo y juventud, estudios basados en las dementes ideas de la filosofía Marxista Leninista Rusa, para la construcción del socialismo y el comunismo.

Todos estos falsos y antiguos estudios, rápidamente me fueron llenando de rechazo y un repudio incontrolable que me, llevaban a sentirme en una dolorosa y agobiada situación sentía un desprecio hacia los jefes y superiores que me explotaban, y me robaban mis conocimientos, destreza y habilidades, que me costaron años de sacrificio, se apodero de mi entonces un sentido de burla, al darme cuenta de la ignorancia tanto cultural como profesional de estos superiores, soportar que un superior, con menor conocimientos, educación, un inculto y analfabeto en todo sentido de la palabra, ya que la mayoría de estos jefes eran personas sin ninguna calificación técnica pero fieles servidores del sistema comunista.

Por estas razones, eran colocados como jefes, en las distintas ramas militares, sin estudios, sin calificaciones, por el solo hecho de ser militantes del Partido Comunista, ser esbirros y aceptar las ideas marxistas, que aunque sin conocer, ni saber el contenido y los conceptos de este sistema, ellos aceptaban y apoyaban, muchos de estos hombres hoy están en contra de estas ideas. El sacrificio de ganar dinero, se convirtió para mi en un infierno, 5 años de atraso para mi vida, mi juventud y mis fuerzas para garantizar mi futuro, perdidos.

El dinero cubano perdió su valor y la economía del país también se destruyó, los alimentos comenzaron a escasear, lo que ocasionó que mi salario por el cual realice este sacrificio, no tuviera ningún valor. Mi ocupación, era de mecánico automotriz, gracias a esto no tuve nunca que realizar otras actividades militares, que no estuvieran relacionadas a mi oficio, tuve que impartir clases, de mecánica automotriz, como también yo recibir, por su puesto, hacer guardias nocturnas en mi unidad, pero me mantuve todo el tiempo en el centro de la Habana, el jefe superior de la unidad mantenía a mi y otros tres separados de otros guardias y mecánicos pues le garantizábamos que los autos y equipos estuvieran en perfecto estado técnico, y nos tenía alguna consideración.

Estando en esta unidad fue cuando pude ver a el comandante Arnaldo Ochoa, que en aquella época era su graduación pues no estaba establecida aun la nueva nomenclatura militar, el visitaba la unidad, y los guardias y demás personas en este lugar, comentaban sobre este hombre alto de 6,5 pies, de estatura, de caminar sereno y que era el Jefe del Ejército Occidental de Cuba, su carácter amistoso, para con los guardias, que rehusaba el saludo militar, y la cortesía excesiva, lo que lo hacía ser mas aceptado por las tropas. Cuando comenzó la revolución en Cuba, yo era un niño, pero algo raro me llamaba la atención en ella, que no me gustaba, no me llamo la atención nunca las marchas combativas, las excesivas actividades militares, la constante advertencia de una invasión norteamericana, la intromisión de los Rusos en el país, no me hacia sentir bien rendirle pleitesías a nadie, es algo que en la actualidad mantengo dentro de mi y no logro cambiar.

En los cinco años, de 1970 a 1976 que estuve en el ejército, pude ver al General Ochoa, unas cinco veces, recuerdo una de las ocasiones fue, por un jeep que estaba a su servicio y que quería ponerle un equipo de radiocomunicación Japonés, yo tenia fama de trabajar equipos de sonido, plantas de comunicación que fueran de países capitalistas por que a decir verdad los equipos rusos jamás me interese por su tecnología, esta fue la razón de enviarme a mi a instalarlo desde luego, el pudo llevarlo a Aldecoa, taller al servicio de altos oficiales del MINFAR, o a los talleres de el Ejército Occidental, pero después me entere que prefirió nuestro humilde taller por la rapidez y garantía del trabajo sin tanta burocracia ni, aplicación de técnica en seguridad militar etc. Demore dos días realizando el trabajo y por supuesto me esmere en la curiosidad del mismo, en estos dos días sólo fue a ver el trabajo 1 vez y estuvo 2 horas allí mientras yo trabajaba, conversamos de diversos temas de automóviles y tecnología. Me di cuenta rápidamente de su inteligencia y de sus conocimientos, me di cuenta del grado de respeto a los subalternos, de su amabilidad, de la forma en que manejaba la diferencia que existía entre él y yo sin tener que imponer sus grados militares para ser respetado, conocí sobre los conocimientos diversos, que poseía pues hablamos de autos y equipos, se porto jocoso, su trato fue respetuoso y no trato de impresionarme, una actitud muy utilizada por otros jefes, siempre con la naturaleza que caracteriza a lo cubanos.

También, pude ver que su criterio lo expresaba con plena libertad sin temor y que se sentía seguro de lo que hablaba.

Siempre, me he dado mi lugar como persona y como técnico, amante de mi profesión y conocedor, acepto cualquier crítica pero no me dejo intimidar, ni imponer nada que yo este seguro que es falso, me hizo una pregunta ¿que crees de la tecnología rusa?—por que estoy convencido que tu estas de acuerdo conmigo ¡son una mierda!, tuve que reír sin comentar, como el era un jefe y yo un soldado y este tipo de comentario en contra de los países socialistas en Cuba era dar una imagen negativa y una actitud no revolucionaria, aunque sintieras o pensaras así, lo inteligente era reservarse el criterio por que de esta forma quedaba uno señalado como un anticomunista.

Continué en el servicio militar, y lo volví a ver 4 o 5 veces mas de cruzarnos saludo y siempre me llamaba el técnico, siempre escuchaba comentarios de sus actividades, al relacionarme con otros oficiales, hablaban de su humildad, de su sencillez, de su porte y aspecto como militar, muy ameno pero de muy poco reír. Quisiera poder hacer una comparación, entre Ochoa y otros oficiales de menor rango y de menor importancia militar, había que rendirles, la cortesía y los saludos militares, esto son reglas dentro de los sistemas militares, pero en el fondo de sus caras se veía, el querer, causar impresión, jerarquía y jefatura, y que no se le olvidara a nadie que, ellos eran súper hombres, estos jamás hablaban con ningún guardia, eran impenetrables, daban la impresión de militares nazis, en muchas ocasiones no contestaban los saludos sociales. Muchos de estos oficiales, quienes fueron siendo ascendidos al pasar los años, les fue aumentando mas su engreimiento sin naturalidad ni educación, todo lo opuesto de Ochoa que nunca fue juzgado como un déspota en la conversación intima de las tropas, ni por otros oficiales o personas. El pasivo andar de Ochoa, su estatura, su porte, hacían e imponían respeto, un sencillo saludo al estilo cubano, desechaba la disciplina militar dándole seguridad al subalterno mientras que otros le otorgaban los honores militares actuando delante de el amistosamente pero a su espalda lo envidiaban. Tan es así, que en los juicios, que no fue mas que un montaje preparado por la mano de la alta jefatura del gobierno, fue la oportunidad para que muchos lo agredieran, lo ofendieran, aprovechando el juicio de honor de la causa #1, sobraron quienes lo aplastaron, y disfrutaron no temerle, ya que estaba degradado y preso, este era el momento de destruirlo, de pisarlo como se acostumbra en la estirpe y sucia dirección del gobierno cubano y su política gubernamental.

El único que no acusó, ni mancilló la imagen de Ochoa, fue el comandante E A, quien llevaba en, plan pijama y en posición "OFF" desde hace años y a quien seguro tampoco tenia, ni le dieron, información real de la infernal verdad. Estuve observando a Ochoa en el juicio de honor y después en la causa # 1, se que su firmeza y su carácter estuvieron en algún momento a punto de romper las cadenas, quien lo conoció sabe que no era hombre de gritos ni ofensas.

Su capacidad de pensar y controlarse era enorme, ni en los momentos mas difíciles que tuvimos, en combates y emboscadas nunca lo escuche, ni alterarse, ni subir la voz. De lo que si estuve siempre claro es que estaba, soportando el dolor y la impotencia, más grande de su vida. Lo observe varias veces que repetía algunas palabras, que murmuraba en voz baja, escuchaba y respondía sin sentido, ya el sabia que lo que acordaron una noche de tragos, buena cena, cuentos, comentarios morbosos, y sobre todo futuras acciones, que por idiosincrasia del cubano que siempre recorremos en 5 minutos, diciendo siempre {eso esta matao}, y nada puede pasar, lo tenemos todo en orden, podemos empezar.

Los 5 jefes, F,—R, A,—A d l G y O, con dos invitados de honor, un gran amigo de A d l G residente en Miami, donde muchas veces disfrutó sus escapadas de Cuba entrando a los EU con pasaportes falsos, junto con oficiales y amigos, de su máxima confianza, no se asusten no diré sus nombres.

Estos señores oficiales del MININT, recuerden estos son los más poderosos en Cuba, estos oficiales y jefes cubanos, se arriesgaban a venir por las costas de los Cayos de la

Florida, desembarcaban y pasaban los fines de semana invitados por este Sr. Cubano, que posee ciudadanía de los EU, que posee negocios y propiedades, en La Florida. Mientras negociaban con estos traficantes, y lancheros ellos también disfrutaban de días de descanso, piscina y banquetes, compras de artículos personales, y otros que tuve la suerte de ver desembarcar en la marina Hemingway, en La Habana.

Del otro lado, el otro invitado muy especial, que sin el no habría negocios, un hombre colombiano, a quien no quisieron involucrar en los momentos de descubrir a Cuba en estas actividades, por la advertencia de que si ellos lo mencionaban a él, entonces denunciaría al gobierno cubano. Quien no quiso jamás, aparecer en todo esto y que fue utilizado por su fama y la popularidad ya creada, fue Pablo Escobar quien se ofreció abiertamente a ayudar a F en caso de descubrirse, o ser delatado el gobierno cubano, dada la admiración que tenia por él y su posición ante los países Latino Americanos. Jamás, como dijeron en el juicio, de que J M V el capitán ayudante del general Ochoa, se había entrevistado con Pablo Escobar en Colombia, todo esto fue incierto.

M, después de ser soltado de la casa de la CIM, Contra Inteligencia Militar en el parque Almendares en el Vedado me comento, que el no tenia preocupación ninguna con lo que estaba pasando, además de que el no veía nada incorrecto en lo que él había hecho, pues A d l G le daba ordenes a el directamente, ya Ochoa no era su jefe, su trabajo era ese ahora. De aquí parte una serie de cabos a empatar que me dan la confirmación de que, todos los movimientos de drogas, a través de las playas de la costa norte de la Habana, Matanzas y Varadero, el corredor aéreo autorizado para el cruce de las avionetas cargadas de cocaína estaban autorizadas por F, desde los años 1985.

En el año 1986 visite una casa, para ver un auto descompuesto, que sólo se usaba para, relevar a los guardias de tropas que enviaban a través de MC, ya que el coronel R C estaba a cargo de esta casa, perteneciente a MC, me pidió que le hiciera el favor de reparar el problema del auto, evitando así no tener que utilizar, ningún servicio oficial. Esta casa se encontraba en las lomas, pasando la bajada hacia Guanabo, próximo a La Vía Blanca en un reparto que se quedo a medio construir cuando el triunfo de la revolución. Yo estaba reparando el auto en la casa, y tuve que entrar a esta a pedirle agua al guardia, vestido de civil playero, me dirigí por la cocina, y la recuerdo sin muebles, todos los cuartos cerrados y en un pedazo de la sala una litera con un sucio colchón y una mesita con teléfono, un AK47 recostado a la pared, las habitaciones todas cerradas con aldabas y candado con aspecto de abandono y desorden.

En aquellos tiempos, para mi estas y otras cosas que acontecían, como las palabras de M al salir de la investigación que antes mencione, las cosas que se suscitaban a mi alrededor no eran en realidad de la mas mínima preocupación, pues por mi mente no pasaba nada de lo que estaba sucediendo, jamás le pregunte a Ochoa nada con relación a esto, aún estando con él, en 3 ocasiones, días antes de su aprensión, por respeto, por que sólo si él me hubiera contado la verdad de lo que estaba pasando yo lo hubiera creído.

Ahora al paso del tiempo he recopilado, y agrupado estos datos y me doy cuenta de que la casa que yo visite narrada anteriormente era una de las que se hablaron en el juicio de la causa #2 que poseía MC para almacenar la droga que era bombardeada por las avionetas, y después recogida por los lancheros hacia EU. Cuando pude saber, y comprobar en un viaje realizado a Cuba en el 2003, para ver por última vez a mi amigo Pepe Ríos ya estando en los Estados Unidos, por el aviso de su esposa de que su vida estaba limitada a 3 meses por su mal estado de salud producto de una penosa enfermedad lo llevó a la perdida del habla, ante el temor de que algo me fuera mal al llegar a Cuba, y la negación 3 veces de la aprobación por Cuba a que yo viajara, tome la decisión y al ser aprobado viaje para ver a mi amigo y hermano.

Estuve una semana sólo visite a familiares, a mi amigo y decidí no salir de la Ciudad de La Habana, todo el tiempo estuve chequeado por un auto que me seguía a todas partes pero como sabia que esto me esperaba los hacia pasar trabajo, los burlaba dándole vueltas a rotondas, a veces corría en exceso para perderme en fin tanto Ríos como yo nos divertimos, con esto. Hasta tuve, que decirle a M. la esposa de Ochoa que fuera ella a casa de Pepe Ríos para que no me vieran ni por la casa de ellos, por el temor de buscarme un problema, estuvimos juntos nos tomamos unos tragos y charlamos de la muerte de su hijo Alejandro, y de mi vida en Miami. Estando en Cuba fui a visitar a un alto jefe cubano del que Ríos y yo, a pesar de no estar a su nivel de poder político ni económico nos considerábamos buenos amigos y que hacía a este hombre sentirse bien como un cubano y un hombre de los de a pie, o sea un pobre como lo que él era antes de tener un alto cargo en el gobierno cubano, a este por problemas de seguridad, queda absolutamente en secreto con un formato en desinformación que nadie llegara nunca a descubrir. Este gran amigo de Ochoa y nuestro, me dio desde ese momento en que me confesó el secreto, la autorización de decirlo, o escribirlo en cuanto yo pudiera por que el antes de morir lo va a afirmar. Aquellas palabras y acuerdos, realizadas esa noche en un lugar especial, se habían convertido en una verdadera, traición, que fue acordada pero jamás pensada. Alguien, tendría que ser responsable y limpiar la imagen de F y la Revolución ante Cuba y el mundo, así nos dijo, mientras lloraba como un niño, entre palabras y emociones dijo con un trago de ron Habana Club 7 años. Esta gente hicieron, aquel montaje de escenas cuando realizaron los juicios de las causas 1 y 2, lo que estaba sucediendo me daba terror yo no podía creer lo que estaba viendo ni escuchando desde la mesa donde me sentaron, este hombre esta loco, ahora quien se mueva esta muerto, estuve a punto de levantarme un día e irme corriendo, nunca pensé que los mataría, y ustedes que estuvieron unos años al lado de Ochoa viviendo en su casa, que hablaban, de todo, que cuando se estaba C— te tumbaba la puerta del baño si estabas adentro, que jugábamos a las cartas hasta altas horas de la noche, nosotros burlamos la muerte en varias ocasiones, y llegamos a tener una amistad profunda y sólida concordamos en miles de temas y sucesos políticos mundiales me recuerdo, ver su imagen sentado en mi casa y mi madre en paz descanse, servirle a la mesa de mi hogar arroz con chicharos y huevos, siempre se preocupo por el nacimiento de mi hijo M, lo visitaba y se preocupaba por su salud y bienestar visitaba la casa de mi suegra pues yo tenia una cuñada bonita y esbelta y esto sí que era su debilidad, recuerdo que se burlaba de un altar de santos de mi suegra diciendo que esos santos no eran comunistas por que comían manzanas. Escribo y comento esto para dar una imagen más profunda, de mi amistad con él y el grado de confianza que llegamos a tener, que nadie dude de ninguna anécdota o pasaje expuesto en este libro. Quiero que sepan que mi libro no va a ser, como muchos otros escritos aquí en el exilio para ganar dinero o fama llenarlo de mentiras y robar anécdotas de muchos infelices que lo vivieron en carne propia, otros han querido taparse declarando que jamás se embarraron de la sangre y el dolor del pueblo cubano, pero no olviden que la sangre blanca que brota de los ojos es sangre tambien. Ahora quieren crearse una imagen contraria a lo que fueron en Cuba, se aprovecharon de los cargos, posiciones y amistades dentro del gobierno, siendo dirigentes corruptos, viviendo, abusando, y beneficiándose en Cuba de las comodidades, que el pueblo en general jamás ha visto, ahora vienen a EU, siguen en la alta sociedad, a costa de falacias, y mentiras que yo si puedo probar, y que muchos de ellos saben y que no mencionare sus nombres para no ENSUCIAR mi libro de supuestos escritores, periodistas, y oradores pagados.

En sus conciencias queda lo que hacen y han hecho, saben perfectamente que fui mecánico, de muchos de ellos que conocí sus familias, visite sus casas, vi. y percibí como vivían y que jamás el sistema de vida de ellos y sus familias era igual al mío, ni al del pueblo cubano, vivían como capitalistas, inculcando y pidiéndole al pueblo, sacrificio y lucha que nunca ellos tuvieron que hacer, para crear un futuro mejor y de igualdades. Una serie de falacias de amor a la Patria, que hemos tenido que soportar por años, yo personalmente, por ganar dólares tuve que soportar burlas, despotismo de muchos de ellos, hablo también de primeras figuras del arte, y la música cubana, vivían en un mundo de superioridad competitiva con el pueblo y un plasticismo, arrogante e injusto. Mi sueño, de ser un profesional bien pagado, trabajar y estudiar duro, me dio a mi mayoría de edad el sueño americano. Yo quiero, en mi libro desenmascarar las infamias de oportunistas, gusanos, parásitos y cobardes que se han proclamado, perseguidos del gobierno C, para que sean aceptados en el exilio, hasta donde pueden estos supuestos esbirros, escritores, periodistas, altos oficiales, dirigentes, mentir. [Censurado el nombre del escritor, y el del libro] Hacer un libro, con las intimidades de un hombre, sus andanzas sexuales hasta del tamaño del pene, lleno de estupideces, mentiras, inventar anécdotas y participación, en acciones militares, que no realizo, para rellenar un libro sin la mínima historia, veracidad ni argumento escrito nunca. Su ocupación, bufón y adulón de jefes siempre en la retaguardia, observando las conquistas amorosas de sus propios amigos T y P, y en Angola Ochoa, a quien antes de esto, nunca se le pudo acercar. Este juego es nada más, para que lo acepten y hacer ver que es, un enemigo de F ahora, para ocultar sus buenos y placenteros momentos en Cuba con F, disfrutar allá el apartamento en el 12 planta que el mismo comenta, en el edificio de los generales, un LADA Amaranto, buenos restaurantes y lugares de turismo, dólares que no sabia de donde salían. Para este tipo de gente yo solo tengo una manera de llamarlo. < PENDEJO >.

[Censurado el titulo del libro] Capitulo 5 Pág. 374: Arnaldo Ochoa suele bajarse los pantalones ante dos—o tres o cuatro o cinco – simpáticas y divertidas puticas cubanas y, miembro en la mano, como una batuta, tomar el mando de sus ejércitos de la noche.

{Comienzo a pensar, que la batuta de Ochoa es del agrado de este hombre Capitulo 5 Pág. 382.

Puño y letra del autor. El caso de Ochoa, tenía algunas diferencias, por aquella tipa que le había descubierto el universo controvertido y desafiante del lesbianismo cuando le dijo ven acá, mulato que voy a enseñarte lo que es bueno. Pero a pesar de todo lo que me dijera A, cada mujer que se metiera esa pinga de Arnaldo Ochoa o la pinguilla de P, estaba compartiendo una verga que ya había pasado por los culos babosos de todas las yeguas y chivas que despertaron la libido de estos héroes legendarios de las mismas misiones internacionalistas cubanas cuando eran unos mugrientos y absurdos adolescentes, si es que en esas zonas del campo existe adolescencia. Es obvio, el placer y el gusto que siente este culto escritor por el PENE de Ochoa, pero también observen, mis mensajes de sicología que cito al comienzo del libro sobre las reacciones humanas, para con otros hombres siempre en algún momento se cogen infraganti.

Un envidioso, que no tuvo el valor ni de nacer en estas zonas del campo, por que ya de niño hubiera perdido la virginidad, ni tampoco tuvo el valor de alistarse en las filas del ejercito para mejorar en la vida y ser lo que nunca tuvo entre sus piernas, para lograrlo UN HOMBRE. Y con su cultura sanitaria, aborrece, la adolescencia campesina.

Capitulo 6 Pág. 406 Puño y letra del autor.

Ninguno como Arnaldo Tomas Ochoa Sánchez, el mulato tortillero y de pinga de tamaño cubano normal nacido y criado en Cauto Embarcadero.

Como estos comentarios, sobre el pene de Ochoa fue preocupación constante, desde la primera página de su libro hasta la última, la tristeza, y el dolor de este valeroso escritor por no lograr, una penetración en su sucio trasero del cual hubiera dejado huellas en sus pliegues, y una inmemorable noche de Luanda. Sin duda alguna el escritor FUAN FUA, dejo demostrado, todo su rencor contra este mal hombre que no lo complació, y que estoy seguro que Ochoa alguna mujer le quito.

Todas estas acusaciones, de este "escritor" seguro estoy, que si Ochoa estuviera vivo ni el ni el propio F tuvieran hombría, de hacerlas, o acaso quiso quedar bien con el mismo F, hablando mal de Ochoa, y que no sea considerada su traición a la Patria que abandonó. Los que conocieron a Ochoa, saben que no era de hablar con ningún pendejo y mucho menos, si era afeminado, todos los oficiales de las FAR y el MININT lo respetaban, lo querían y hasta le temían, su valor y hombría eran inalcanzables, muchos, lo trataban hipócritamente, muchos más, envidiaban la posición que él alcanzo con el comandante. El único oficial que se inmolaría por F y la revolución era el invencible y Cojonudo, General de División Arnaldo Tomas Ochoa Sánchez. Su mera presencia en este juicio, ya despojado de sus bien ganados grados y condecoraciones, les hacia temblar las patas a todos los que hablaron en su contra, muchos temían por que pasara algo inesperado y que no lo mataran. Ochoa siempre me decía que para hablar de más era mejor permanecer callado. Y a muchos demostró que todo lo que declaro fue netamente preparado, por razones de gobierno y acuerdos con sus mismos dirigentes. Aun recuerdo sus dos dedos, el gordo y el índice de la mano izquierda, pellizcándose la ceja izquierda manía que solía tener cuando no prestaba atención a lo que sucedía a su alrededor por estar pensando en otra cosa. Ver todo el poder de Cuba, corruptos e inmorales, limpiando y cargando todo un campo de lodo de 30 años de engaño, robo, asesinatos y mentiras a que le fueran adjudicadas a él y a un inocente hombre que solo recibió ordenes de el alto poder cubano. Ahora él seria el fusilado, para exonerar de culpa, ante el mundo y el pueblo cubano de la corrompida cúpula fidelista, desde Fidel hasta el más simple oficial lograron, borrar la ya descubierta participación en el narcotráfico, gracias a la habilidosa maniobra de F han convencido al mundo, y a los EU que los culpables, ya fueron castigados.

Quien me puede confirmar que un Capitán del ejercito en Cuba podría salir del país, viajar a Colombia sin que la contrainteligencia militar tuviera ese control, donde esta el pasaporte en Cuba, de todos los cubanos. Los militares tienen los pasaportes bajo el control de las FAR, en que lugar de Cuba o el mundo, el General Ochoa pudiera gastar o invertir el dinero proveniente de las drogas que no son mil ni dos mil son, millones, los cubanos todos sabemos que lo mínimo que haga o compre cualquier cubano lo sabe la entrenada seguridad e inteligencia de C.

Hemos olvidado que F mueve nuestra isla totalmente. De quienes sí yo estoy convencido por que lo vi y escuche, que vivieron, una vida desenfrenada, con viajes al extranjero, autos, motos, mujeres, dólares, bellas casas, sus hijos con vacaciones en Cancún, Cayo Largo, Varadero, Santo Domingo, Alemania, Rusia, Checoslovaquia, fueron los oficiales del MININT y los que trabajaban en las oficinas de MC, el poder de estos señores era como de millonarios, yo visitaba sus casas pues le arreglaba los autos o las motos a hijos, esposas, queridas y a ellos, amigos de ellos que por supuesto estaban vinculados al gobierno hablamos de ministros y viceministros a quienes ví llenos de privilegios producto de robos, y corrupción.

En junio de 1989, fui llamado a declarar después del arresto del general Ochoa, permaneciendo 24 horas de interrogatorio, yo no participe en las misiones de Nicaragua ni de Angola, las últimas antes de ser fusilado, pero nos veíamos cuando el venia de vacaciones o lo llamaban a reuniones en Cuba de alguna forma, debido a la química que logramos en nuestra amistad.

En uno de estos encuentros en Cuba, conversando en la sala de la casa de su madrina, en la calle Juan Delgado en Santos Suárez donde el estaba viviendo con MCh. una nicaragüense que trajo de ese país estando ya separado de MG. su esposa oficial, y si mal no recuerdo justo, regresando de Nicaragua, yo había ido por que habían traído de Nicaragua un Buick del año 1936 que había pertenecido a un viejo presidente de ese país y me había localizado para que fuera a verlo y a echarlo a funcionar, entre las preguntas que nos hicimos, yo le pregunto, si ya, se pondría a descansar o seguiría en las misiones y me respondió que el no resistía ya estar en Cuba que el prefería estar de misión en misión, y no estar, ni a 200 Km. de la onda expansiva de la bomba que no tardaría en explotar dentro de la cúpula cubana, soportar lo que sucedía a diario en este país lo atormentaba y que estaba algo cansado de la mierda que le rodeaba. Jamás dejamos Ochoa y yo de comunicarnos y vernos, conversar, tomarnos un trago etc.

Estando en el absurdo interrogatorio ante un capitán analfabeto de la contrainteligencia militar de las FAR en el kilómetro 2 de la carretera de Rancho Boyeros, durante el juicio, después que me hizo varias preguntas estúpidas, otra fue preguntarme sobre el auto en que fui a este interrogatorio, me pregunto que si Ochoa me lo había regalado, se trataba de un Mercedes Benz de unos señores españoles que yo trabajaba con ellos y de los cuales después hablaremos, un auto nuevo recién comprado en Alemania y traído a Cuba de el año 1985.

Como yo podía disponer de los autos cuando quisiera, para mi uso personal, esto en Cuba no es muy aceptado por los dirigentes y el gobierno, les molesta y le temen a las relaciones de cubanos con extranjeros, y esta prohibido a menos que usted trabaje oficialmente por el gobierno con ellos. Creen ustedes posible, que un oficial investigador de la contrainteligencia militar no sepa, que sólo estos autos lo podían tener los diplomáticos o extranjeros, chocante la pregunta verdad. Después de varias horas de preguntas y averiguaciones, este oficial me hace una pregunta que me dejo un poco sorprendido además de mi estado nervioso del cual ya no podía casi resistir me dice ¿Qué crees de Ochoa? aunque les parezca, un poco guapa mi respuesta esta fue:

Ochoa para mi es un General de las FAR héroe de Cuba miembro del Comité Central del Partido Comunista, condecorado con altos reconocimientos, es mi amigo y maestro, al valor y a deber, el oficial interrumpe mi respuesta y me dice, en un tono agresivo, tu vas a firmar esto, a lo que yo respondo sí, porque yo desde 1970 hasta que termine de trabajar con el en el año 1981, pasando por una guerra y viendo sus sentimientos como hombre, eso es lo que puedo decir, no puedo mentir, en el tiempo que trabaje con el fue como lo conocí y mi amigo hasta el día de hoy.

El oficial indignado le dice al secretario que escribía, mi declaración cierra el reporte y dámelo para que lo firme, dirigiéndose al otro guardia que le dice, llévalo a la celda, en este momento yo pensé ahora si me embarque, me llevaron a las celdas eran 8 celdas muy limpias y pintadas, con una cama, un baño personal estas eran sólo para detener a altos oficiales de las FAR, al entrar en la celda sentí un silbido de llamada cuando levante la cabeza en el flanco derecho frente a mi empinado en la reja de la puerta de la celda estaba mi amigo J M V, a quien el día antes de los arrestos fuimos a visitar la esposa de Pepe Ríos y yo.

· Fuimos a su casa en la barriada de Casablanca al norte de la Habana, pues ya Ríos había sido arrestado y no sabíamos nada de él, él no pudo responder ninguna pregunta pues su casa estaba totalmente llena de técnica, micrófonos, yo le pregunte que como veía la cosa, me respondió que el tenia fe en la justicia revolucionaria pasándose la mano por la abultada barriga que sobresalía de la camisa abierta de oficial de las FAR con los grados de capitán, sentado en un sillón de ratan traído de Nicaragua, lo que con un poco de inteligencia, se daría cuenta, que se sentía seguro que no habrían problemas por lo que estaba sucediendo.

M y yo, tuvimos sobrada confianza, al igual que Ríos, y unos meses antes de todo estos problemas en casa de Ríos nos comentaba sobre negocios que T, el Coronel de MC le confiaba a él, y que ahora su futuro estaba asegurado por que, trabajaría como asesor de ellos, y estaría mas cómodo y en el extranjero, aunque no se refirió a que tipo de negocios yo me imagine que podía ser, de algo de lo que, tanto deseaba el gobierno negociar para salir de la crisis que tenia el país. Pero en Cuba, nada esta escrito y la fe en la revolución es incierta, el alto mando no es muy adicto a que a la religión castrista se le pueda tener "FE" y lo traicionó con la muerte, esta anécdota no puedo dejarla pasar, por que tengo un testigo presente en la actualidad, la esposa del difunto Pepe Ríos. Al ver a M en la celda, me sorprendí, y en ese momento me sentí apoyado, ya no estaba solo. En la celda del costado estaba Ochoa, que al reconocer mi voz me dijo, unas cortas palabras ¿que haces tu aquí? Inmediatamente reconocí su voz y le dije no se preocupe no hay nada malo.

Otro silbido bajo, y observo en el lado izquierdo frente a mi, I C. el legendario chófer de los años de Ochoa, al lado izquierdo mi hermano ya fallecido también José Ríos Pérez. Después de un silencio, me asomo y M trataba de decirme algo o preguntarme pero los dos guardias que cuidaban mandaron a hacer silencio.

Como a las 2 AM me llamo un oficial, me hizo firmar 2 papeles y me dijo que podía marcharme, y que tenía que entregar la moto Honda que me había regalado el coronel R C. Al día siguiente, fui a mi trabajo y alguna que otra pregunta de mis jefes pero nada anormal.

(Aclaración necesaria), en lo mas mínimo quiero expresar admiración ni por ningún dirigente cubano ni militar, mucho menos por la revolución, y a F C al cual, culpo de la destrucción de mi vida y la de mi familia, la emigración a que fui obligado, aun amando mi tierra, trato de que sepan como un hombre terco, obsesionado por el poder hoy aún persiste en una frustrada y cobarde carrera, donde ha dejado destruidas las vidas de miles de cubanos de una u otra forma, como ha agotado los recursos y endeudado al país, ahora hasta de narcotraficante nos acusan en el mundo, sus caprichos y aberrantes ideales nos han llenado de luto y sangre, pero el que a hierro mata a hierro muere ahora vemos, como se auto destruye y lleva a sus más fieles seguidores a la trampa, al juego sucio, y a la muerte. Describo a continuación, paso por paso, tratando de recordar los malos y buenos momentos de mis años de amistad con Ochoa, fueron buenos y malos momentos, cae bien esta frase, en la guerra y en la paz. Estuve, por espacio de tres años junto al general Ochoa desde 1978 hasta 1981, comencé como su chófer mecánico, me recomendaron a él para mecánico de autos, él ya tenia buenas referencias mías y realmente yo, no era militar pues había cumplido, el servicio con la patria del que hable anteriormente.

En Cuba, después que realizas este cumplimiento, quedas a disposición de la reserva militar y puedes ser llamado a cumplir algún otro tipo de tarea militar, por lo que mi amigo José Ríos, que ya se encontraba en Etiopía le sugirió a Ochoa, que me mandara a buscar que yo podía ser el otro chófer y mecánico que el necesitaba, también podía ahorrarle algún dinero a la misión con el arreglo de los Mercedes, y otros autos.

De esta manera resultó, y en los primeros meses de el año 1978, llegue a Addis Abeba la capital de Etiopía en África, llegue en la madrugada, no pude dormir, en la mañana

Pepe me llevo a ver a Ochoa, vivía frente al albergue o casas con varios cuartos y donde dormía la guarnición y el personal de servicio. Después de desayunar, y conversar un rato del viaje algunas preguntas que me realizo, Ríos y yo salimos en una motocicleta que tenia, para realizar diferentes tareas, dimos unas vueltas por la ciudad y regresamos, a la casa de Ochoa, donde me quede un poco sorprendido al sentarnos a almorzar en su casa, y en su mesa, acompañados de la otra parte de la tropa que conocí, allí estaba el gordo como lo llamamos sus amigos.

J M V, comunicador del jefe, ingeniero en comunicaciones y extraído de la reserva militar, trabajaba en Navegación Mambisa empresa mercante cubana como radio telegrafista, otro allí presente un hombre pequeño muy velludo de voz fuerte JL, el traductor del jefe, Ruso e Inglés, un excelente traductor, vivió en B, EU desde pequeño, ya que su padre después de vivir en EU decidió regresar repatriado a Cuba, y lo agarró el internacionalismo.

Compartiendo la mesa también se encontraba un hombre alto, canoso, de cara no muy amigable, casi sin sonrisa, RG, capitán de la contrainteligencia de las FAR, un hombre con deseos de ser guardaespaldas pero sin decisión, ni voz, ni voto, él era el jefe de la escolta y sólo recibía ordenes de la CIM, a quienes supuestamente Ochoa les debería obedecer por su seguridad, pero era difícil controlarlo, más adelante sabrán por que, el no necesitaba escolta ninguna, RG, era un hombre perspicaz y muy inteligente, en varias ocasiones él y yo tuvimos algún encontronazo, pues siempre para él era inconcebible que yo no fuera ni militar ni del partido comunista y estuviera al lado de Ochoa, con beneficios y comodidades que el no tenia, un ignorante más de los que hablamos anteriormente era astuto, egoísta, interesado y muy envidioso.

Del otro lado, un hombre bajito de estatura, calvito era P. el cocinero por excelencia de Ochoa, desde el Ejército Occidental, tremendo cocinero, pero un perrito sato del jefe, un bufón, de Ochoa, y de su esposa, sus chistes ni él mismo se los reía, un incondicional y fiel soldado, pero delator del mas mínimo detalle. Esa noche conversamos un poco, me preguntó sobre mi familia, si tenia algún problema, si me gustaba ese país, como lo había visto y tocamos varios temas sobre autos, y también sobre la rotura de uno de los autos Mercedes que el tenia allí y que le interesaría que yo lo arreglara antes de irnos de viaje. En la tarde fuimos Pepe y yo a ver el Mercedes que se encontraba en otra casa, una casa moderna, cómoda, resguardada de los animales, del frío, el calor y que su dueño fue un hombre millonario de procedencia Árabe, muy amigo del Rey de Etiopia Haile Selassie.

Ya habían comenzado los comunistas, a tomar propiedades y adueñarse de estas, el gobierno de Menguistu, la decomisó y se la entregó como muchas más a los jefes cubanos y rusos.

Entramos y fuimos a un garaje donde estaba el Mercedes, lo sacamos y le encontré rápidamente el problema, tome los datos para comprar unas partes que necesitaría, y regresamos a la casa para asearnos y cambiarnos de ropa. Fuimos para la casa del jefe y camino a esta le pregunte a Ríos que si siempre, cenábamos en la casa de el jefe respondiendo, que si, que el decía que si a él lo cuidaban para que no lo envenenaran, él hacia lo mismo con sus guardias para que no fueran envenenados, además todos los hombres que con él trabajaban, deberían comer a la misma hora que él lo hacia, por que si no, él no tendría moral para pasar hambre juntos en caso de necesidad. Recuerdo esa noche, regresar temprano a dormir teníamos cuarto con dos camas grandes y por su puesto, Ríos y yo juntos en un cuarto. Al día siguiente fuimos a la LOMA donde comencé a reparar el problema del auto que iba a ser mi carta de presentación y de confianza para permanecer en mi posición, y en ese país. Es casi estúpido, para las personas que no conocen el sistema cubano, pero yo necesitaba cumplir con este trabajo, una por mi prestigio como profesional y otra porque quizás seria la forma de obtener una vivienda, en Cuba ni se puede rentar una casa, ni se puede comprar, en fin necesitaríamos un libro de 800 páginas para que ustedes lo entiendan, el resultado de el arreglo de el Mercedes, era vital para el objetivo que yo y la mayoría de los internacionalistas cubanos teníamos, un apartamento para vivir con la familia. Por suerte, el auto quedo perfecto, se lo llevamos para la casa pues él antes ya no quería usarlo por la falla que tenia y costaba cara la reparación, al estar en buen estado y probarlo decidió volver a tenerlo a su servicio era un Mercedes 280s con un motor modelo 110 de el año 1975 con un carburador de 4 bocas y que gozaba de buena potencia, este auto lo compró la misión cubana a un funcionario de la Unidad Africana M K, aún conservo en mi diario de guerra estos datos, quedo al parecer, satisfecho con la reparación ya que ese mismo día, en la noche realizó una salida, con RG el jefe de escolta y viró asombrado del cambio que dio el auto lo que me comentó apenas regreso, yo me relaje con él, pues no sobró la advertencia de Ríos sobre este señor, y su trabajo de guarda espalda, este comentario sobre el vehículo le dio pie para empezar a hacerme un interrogatorio sobre mi persona, ya esperando esta situación respondí a las preguntas que el me hizo nada fuera de lo normal.

A mi desde Cuba ya me habían filtrado suficiente y un expediente viajó conmigo para la CIM [Contra Inteligencia Militar] de manera que quiso hacerse, el desinformado, y a la misma vez el importante, esto me vino bien porque observe su actitud y forma de actuar para que yo supiera de su superioridad, dándome cuenta, del grado de analfabetismo que poseía, me di cuenta que se sentía desplazado, pues para mi las expresiones faciales me dicen mucho, al paso del tiempo lo comprobé, siempre fue un estorbo para Ochoa. Al siguiente día en la mañana, fuimos a desayunar, y a los 15 minutos RG me llamó y me dio un sambran con una Makaro de 9 Mm Rusa y un porta magazín de 4 peines, me entregó un AKM 47 y dos cargadores de repuesto luego, me hizo firmar un documento de entrega de las armas, Ochoa no había salido y cuando lo hizo y me vio vestido y con las armas me dijo coño pareces un hormigón armado, sabes usarlo a lo que le respondí, no es tanto saber usarlo, si no cuando tengo que usarlo, y me respondió diciendo, creo que vamos a usarlo pronto. En unos minutos tomamos dos jeep toyotas Land Cruiser equipados con comunicación, Ríos al volante y JM en el de atrás donde yo viajaba.

Salimos con destino a Harar un pueblo al este de la capital, donde aún algunas tropas cubanas y etíopes se reorganizaban, este lugar estaba a 565 KM de Addis Abeba, tenia un tramo de carretera asfaltada, pero después de un pueblo llamado Arba a Harar, todo era terraplén de color beige con un polvo casi asfixiante, lleno de precipicios escalofriantes, y ya con la posibilidad de ser emboscados. Apenas nos adentramos al terraplén, el vehículo delantero se detuvo y JM se apareo y Ríos me dijo que me bajara para que condujera, en ese momento, mis piernas comenzaron a temblar, pero era lo que vine a hacer, y me senté al volante, ajuste los espejos y el asiento y conduje, los vehículos eran estándar o sea de cambio manual pero gracias, a que no me traicionaron los nervios el embrague no me vibro. Conduje con destreza y muy cauteloso pero, los terraplenes son muy peligrosos sobre todo en las curvas por lo que moderaba mucho la velocidad evitando el derrape del vehículo. Pasaron unos 30 a 40 minutos y del silencio de todos en el auto, salió la voz de el jefe que tronó diciendo, señores el hombre se defiende en el volante, como que todos esperaban la critica, que por suerte para mi, fue positiva.

Permanecí en silencio y nunca desvíe la mirada del frente, entonces Ochoa se dirigió a mi para decirme despójate de los nervios que en minutos vamos a llegar a un punto de control Etíope, después que pasemos mira a todos lados que ya empiezan los muertos. Realmente me quede pensando y continué sin creer mucho lo que me dijo, ya que podía ser probando mi reacción, para mi esto era algo nuevo, mi cuerpo se puso en una postura de tensión ligada a recordar la casa, mis padres, mi esposa, recién casados, en fin pensé que fue como una prueba a mis nervios. R—JL el traductor, y el jefe comenzaron a hablar de días pasados en el frente de guerra, y comentar algunas anécdotas de los combates.

En unos minutos comencé a ver unas casuchas a la orilla del terraplén y unos guardias con uniformes amarillo oscuro, otros verde olivo, otros vestidos con ropa común y muchas mujeres, hombres y niños cubiertos desde la cabeza hasta los pies, con una especie de trapo blanco que parecía una sabana común, cuando íbamos acercándonos al lugar RG me dijo haz señal con las luces si no hacen ninguna señal con los brazos tienes que detenerte, cuando lo hagas, me dijo no te bajes pon primera y mantente en expectativa, los guardias que allí se encontraban se acercaron miraron dentro del jeep saludaron al jefe y a todos los demás, y nos dieron paso unos 200 metros mas adelante el jefe mandó a detenernos frente a una tienda donde compraron, soda y unas galletas que le gustaban y nos comimos unas cuantas y una soda, recuerdo que era Mirinda la naranja de la Coka Cola que yo no veía desde niño. Yo me quede sentado en el auto JL, me trajo la soda y las galletas, por cierto, la soda no estaba fría, estaba al tiempo en estos lugares no hay electricidad, continuamos el viaje y cada vez se ponía más árido el terreno, el polvo era mayor y a los jeep se les nublaban las ventanas traseras que casi no podía ver el auto de atrás. Cuando avanzamos unos diez kilómetros, comencé a ver algunos cuerpos al borde de la carretera, eran soldados muertos, en ese instante Ochoa mandó a detener el vehículo a la derecha del camino me dijo que bajara junto con él, nos acercamos a un cadáver de un soldado Etíope, ya estaba reseco por el sol, la piel pegada a los huesos, sin ojos, el uniforme pegado a la piel, entonces me dijo viste en que nos convertimos en la vida, todos tenemos que llegar ahí tanta guerra, muertos, ambición que mundo este, me sentí sorprendido de cierta manera pero no me dio nada, ni asco, ni vómito.

Pensé que me hizo esto para probarme, si me pudiera dar alguna reacción ver cadáveres. Continuamos la marcha, pero ahora conducía Martínez y de lo que me alegre pues llevaba una tensión de nervios muy fuerte hasta que cogiera confianza, no se me quitaría. Llegamos a Harar una ciudad con casas de bloques y de barro con una especie de bambú o caña brava, la ciudad llena de vendedores en las calles y los comercios, venta de ropa, alimentos, zapatos, artículos eléctricos en fin de todo, llegamos a una casa esta de mampostería un poco retirada de la ciudad, nos fuimos a las habitaciones dejamos las mochilas y fuimos todos al comedor donde había un olor exquisito, terminamos de comer y nos sentamos todos en la sala de la casa, el jefe propuso echar un juego de canasta, un juego de cartas que yo ni conocía jugaron ellos y sólo me puse a observarlos, después de una hora aproximadamente, Ríos y yo nos fuimos, estuvimos en el portal de la casa, y se escuchaban las hienas vimos algunas por la calle y me sorprendí, Ríos me dijo que desde que cae la noche ellas buscando comida se meten en los pueblos que hasta en Addis la capital se ven cruzando las calles y en los patios de las casas. En ese momento, llego R el jefe de escolta y nos informó que saldríamos a las 6 AM, que fuéramos Ríos y yo a llenar los jeep de combustible para que estuvieran listos, salimos en los autos a una unidad militar cerca de la casa, llenamos 4 canistras de 5 galones cada una de reserva. Le pregunte a Pepe, adonde iríamos al día siguiente y me respondió vamos al frente, me quiso decir donde se estaba combatiendo, en forma de advertencia, me dijo, que a R no le gusta que lo supiera nadie hasta que fuéramos en camino, me pareció bien porque en realidad ese era su trabajo, no confiar en nadie, al final el máximo responsable de la vida del jefe era él, es por eso que el calificativo de comemierda que me dio Ríos, me pareció un poco exagerado. Regresamos a la casa, nos bañamos y nos acostamos, esa noche no pude dormir bien me cogió el gorrión, pensando en mi esposa recién casados en mi casa, mis padres, [gorrión] para los cubanos recordar, extrañar, sentirse lejos de la familia, también me preocupaba, en la aventura que me metí, y que se estaba poniendo fea, no me gustaba nada la guerrita pero ya no había retroceso.

Al día siguiente, a las 6 AM Ríos me despertó, no demoré en salir pues dormí con pantalones, y vestirme fue rápido, tomamos café y salimos, apenas amanecía, Pepe conducía el uno y yo en el dos junto con M en el radio que estaba en la parte trasera del jeep, JL al lado mío, en el viaje de Addis a Harar, el día anterior no observe, a nadie llevar los fusiles en las manos, y hoy J L. lo tenia entre las piernas y M, encima de las piernas, me despertó tanto la curiosidad, que le pregunte a JL y me respondió, ayer R te dijo lo que tenías que hacer cuando manejas, pues no te preocupes de más nada, la respuesta me pareció brusca, pero no quise hablar nada más, el tenia un carácter fuerte, pero el miedo y la preocupación, la teníamos todos. Comenzó a amanecer y empecé a ver a lo lejos a diferentes distancias nubes de humo, que se desvanecían pero volvían a salir iluminando parte del paisaje, al fin la voz de M, que comenzó a hablar por el radio con otro cubano, pidiendo un reporte o informe de la situación e informando de la llegada del jefe, a los pocos minutos de seguir el auto delantero da la señal de doblar derecha y continuar a poca velocidad. A unos 300 metros, una barrera con 2 o 3 guardias, cuando íbamos llegando la barrera se levantó y todos los guardias saludaron militarmente, pasamos despacio y a otros 200 metros una unidad militar, unas barracas y oficinas, parqueos donde se veían los BM 21 más conocidos por Katiuska, unos cañones 120, unas BTR, unos jeep etc., después supe que esta era la unidad de la TSA, que estábamos en un pueblo nombrado JIJIGA. Llegamos, y el jefe de la unidad, y un pelotón estaban formados, el jefe bajo del jeep, y un coronel, le rindió el parte de la situación de la unidad y otros detalles que acostumbran los militares, parquearon los jeep y nos bajamos, R nos hizo seña que lo siguiéramos y fuimos al comedor de los oficiales nos sentamos J L.—Ríos y M en la misma mesa y al rato unos guardias nos trajeron, huevos fritos, pan, leche, jugo de naranja, unos pedazos de queso mantequilla, comimos y en unos 10 minutos R se paró y pidió que lo atendiéramos, comentó sobre mi persona explicó que yo era inexperto, que me ayudaran y encomendó a Ríos a hacerlo también, pidió que no me perdieran de vista, esto realmente me puso algo nervioso por que no tenia ni la más mínima idea de lo que me depararía la vida, entonces nos informó que nos dirigíamos al frente de combate, que no tenia idea de cuando seria el regreso.

Después, nos ordenó que fuéramos Ríos y yo en un jeep, a cargar unas latas de comida, galletas, cigarros, ron, agua y unas máscaras antigas, que el jefe de los almacenes ya nos esperaba, yo me senté en el jeep y Ríos en el volante, y empezamos a conversar sobre a donde iríamos y que podría pasar, cuantos días estaríamos de acuerdo a la experiencia que ya el tenía calculó una semana, me orientó sobre que debería hacer en caso de una emboscada, que no me alejara mucho del carro delantero cuando yo conducía en el jeep dos, que tratara de conducir con el asiento del jeep lo más despegado del volante posible, que nunca cuando nos cogiera la noche encendiera las luces del jeep que sólo me guiara por una pequeña luz que tenia el jeep uno, debajo del para choques trasero, los jeep se nombraban uno que era azul claro y blanco, y era en el que siempre viajaba el jefe, el jeep dos era verde claro y blanco y era el de la escolta. Todo esto para mi, era algo nuevo, jamás estuve en una guerra, ni me había sentido con una sensación nueva, algo que supe después, que me jugué la vida, sólo por aventura olvidando mis responsabilidades de padre, que ya estaba en camino mi primer hijo, que deje a mi esposa y a mis padres, realmente mi cabeza en esos momentos estaba algo desorganizada, no se si era el miedo o la preocupación o que extrañaba a mi familia, en fin después yo mismo comencé a darme una terapia y logre tranquilizarme, pensando en la enseñanza y experiencia que adquiriría y por ningún motivo podía dejar que vieran en mi rostro la más minima señal ni de arrepentimiento ni de cobardía, la meta que me había trazado de darle a mi hijo y a mi esposa, un lugar donde vivir, además de tener, por muchos motivos que salir con vida de aquí.

Estuvimos, unos 30 minutos esperando y salieron 2 BTR, un transportador de tropas anfibio, de fabricación Rusa, después le continuo un camión de tropas ZIL 131 ruso, todos estos con soldados armados, calcule unos 40 hombres, después un jeep WAS Ruso que era de un médico y un enfermero con su chófer, todos cubanos estos fueron parqueando a un costado del camino de salida, en ese momento veo a R que venía corriendo hacia nosotros y le dice a Ríos que condujera el jeep uno y que yo fuera para el jeep 2 que M lo conduciría, a decir verdad me sentí un poco afligido por que hubiera deseado conducir pero después me convencí yo mismo de que seria lo mejor, ni me conocía los caminos, y yo estaba algo nervioso.

A unos 50 metros distinguí que el jefe, con otros 3 o 4 oficiales se dirigía a los jeeps, subí al asiento trasero del jeep 2, ya todos en sus puestos partieron, los jeep a la cabeza de la caravana rumbo sur. En el jeep 2 había un polvo bien crudo, eran como las 2 PM y el sol me parecía mas brillante que en Cuba, se podían observar algunos campesinos con ovejas o chivos, envueltos en trapos y con una vara de madera para guiarlos, eran como pastores, el terreno era árido y se solía ver algún que otro pequeño árbol que en Cuba le llamamos aroma con muchas espinas y sin hojas, también le llamamos marabú, M conducía y a la vez llevaba unos audífonos colocados en la cabeza, J L. sentado delante y yo detrás de él y a mi lado un mayor, que note que estaba muy limpio y sus zapatos aún brillaban, estábamos en la misma situación éramos novatos, le pregunté y me comentó que llevaba 6 días en ese país había venido de Cuba para relevar a otro compañero que el era jefe de una compañía de lanza cohetes, avanzamos varios kilómetros, y comenzó una conversación amena entre todos tratando diferentes temas, algo que me relajo la tensión que llevaba, mas la timidez que siente uno entre personas no conocidas. Viajamos varias horas, la impaciencia me empezaba a ocupar, finalmente llegamos a la ciudad de Degeh Bur, al llegar a un entronque cogimos a la derecha y la caravana quedó, detrás los jeep, avanzaron y entramos en un campamento militar solo de casas de campaña y soldados, era una división de tanques de guerra modelo T 55 Rusos enseguida salieron unos oficiales y se dirigieron al jeep del jefe, le rindieron saludos militares, bajó del jeep y se separó del grupo de oficiales, pasándole el brazo por encima del hombro a un oficial comenzó a conversar con él, este oficial era el coronel A jefe de la división de tanques de las tropas cubanas, un hombre de buen carácter, valiente y de buenos sentimientos, muy querido por las tropas, unos minutos después R me ordenó que le llevara al jefe unos files y unos planos enrollados que estaban en el jeep a una de las casas de campaña, cuando llegue pedí permiso saludé y le entregué los planos al jefe, enseguida que me iba a marchar me llamó y me presentó ante 6 oficiales como su nuevo chófer y mecánico, uno de los oficiales me preguntó en forma de jarana si yo sabia de LADAS y el jefe bromeando le respondió, que yo reparaba hasta aviones.

Me brindaron café, lo acepté, y regresé a los jeep donde estaba Ríos, nos sentamos sobre unas piedras Ríos, M y yo y empezamos a conversar, nos comentó, que lo que se refería a la guerra, las cosas estaban feas que habían matado a unos cubanos, en una emboscada de una brigada de tanques de la división de A el coronel que Ochoa me había presentado unos momentos antes, se suponía que fue un error de este coronel, pero que ya otras 2 compañías habían salido, en apoyo y que seguro el jefe iba para allá, por lo que la cosa, seria mas larga de lo que el pensaba. Conversamos de otros temas y después nos dirigimos a una cocina improvisada donde cocinaban arroz, unas papas hervidas y unas masas de carne de cerdo. Comimos, tomamos café y al rato vino el jefe se sentó con todos, en unas piedras y nos preguntó si habíamos comido, si estaba buena la comida, me pregunto si me sentía bien, le respondí que si que pensando un poco en la familia, me miró y me dijo: [trataré de poner exactamente las palabras] pensar, es lo más preciado que tiene un hombre, puedes tener a la mujer más bella, el dinero por bolsas y hasta viajar por el universo, pero lo que no puedes saber, ni pensar es donde te espera la muerte, ahora no tenemos tiempo de pensar en nada más que donde estamos, duerman un poco, por donde puedan, que en unas horas salimos, y el viaje es largo, Ríos saco unos colchones de campaña me dio uno y me dijo, vamos a dormir debajo de un jeep es donde mejor estamos, abrásate al fusil, y duerme algo.

Trate de dormir, estaba muy oscuro y realmente no se veía a pocos pasos, quizás me pude quedar dormido, pero me despertó el arranque de varios tanques de guerra, las voces de soldados, etc.

Además, ya Ríos no estaba por todo aquello, comenzaron muy lejos los sonidos de morteros, ráfagas de fusiles, por lo que pensé esto se puso malo, llego R y me dijo camina por aquí recto y vas a oír las voces, están dando café, le pregunté por Ríos y me dijo que estaba ahí, camine y llegue al lugar tome café y agua, aprovechando llene mi cantimplora de agua en un tanque que estaba encima de un camión de tropas y me puse a conversar con un grupo de oficiales y todos los del grupo nuestro, que estaban en este lugar, hacia un buen rato que no sabia del jefe pero no quise preguntar nada, los sonidos de obuses de los 120 Mm, y luces que se veían hacia el sur eran la preocupación de casi todos los que allí estábamos.

Me enteré que ya una brigada de tanques había salido para Kebri Dehar otra ciudad, en la provincia de OGADEN, el desierto ambicionado por Somalia, por sus riquezas en minas de oro, platino y mucho más, territorio perteneciente a Etiopía, y que había sido invadido por Mohamed Siad Barre en los finales de 1977. Aún de noche y sin saber la hora, da R la orden de salida, Ríos al volante en el jeep 1 y yo en el 2, salimos con una oscuridad tremenda, el radio del jeep 2 no paraba, hablando de la dirección de unos tanques y de muchas otras cosas, la pequeña luz del jeep 1 cuando hacia badenes se me perdía, en algunas posiciones, lograba ver al frente donde observe unas BTR y unos BMP que se deslizaban a su máxima velocidad levantando una nube de polvo, hasta que comenzamos a entrar en lomas, y caminos estrechos. Avanzamos por espacio de unas horas, tuvimos que hacer una parada para poner combustible, tomamos agua y un traguito de ron, lo que nos alejó de la caravana que iba delante de nosotros, muy lejos venia surgiendo una combinación de colores difíciles de describir por la variedad de los mismos y sus tonos rojizos, era el amanecer.

Continuamos el viaje unas horas más, y comenzó otra ciudad con las mismas características, se veía bien destruida muchas marcas de esteras de tanques de guerra, casas deshechas por impactos de proyectiles, comercios arrasados, cadáveres que se veían en los costados del camino.

Al fin llegamos a un lugar descampado donde habían unos camiones etíopes y soldados, el jefe ordenó parar y se bajo del jeep y con él, J L, el traductor, se dirigieron a un jeep donde había un oficial etíope, y R ordenó quedarnos en los carros, dirigiéndose él a donde estaban reunidos los jefes, después de pasar unos minutos R regresó y nos ordenó que podíamos tomar algo, el hambre tronaba mi estomago y la acidez era casi inaguantable comí unas galletas, un poco de agua y un traguito de ron con un cigarrillo. Después de que el jefe terminó de hablar con los Etíopes, continuamos la marcha y tomamos un camino fuera de donde estaban las tropas, y la caravana, los cubanos habían hecho de las suyas en unas tiendas de un pueblo a pocos kilómetros de allí, saquearon unas relojerías, casas de venta de equipos eléctricos y de sonido.

Los oficiales Etíopes, vinieron a quejarse con el jefe, y el jefe estaba que echaba chispas, al subir al jeep, ordenó que M hablara con el coronel A y le pidiera un informe completo con resultados de los culpables, y en un avión presos para Cuba, para hacerles un juicio militar.

Cuando uno escucha estas cosas se le ponen los pelos de punta, seguimos con cautela, por este camino, yo sinceramente no tenia ni gota de sueño, algo extraño, me sentía, no se si emocionado, apendejado, pero el interés por ver más adelante me mantenía con ese estrés. Apenas caminamos unos kilómetros el vehículo delantero guiado por Ríos se detiene, bajando todos bruscamente, parapetándose detrás del jeep, y escuchándose ráfagas de ametralladora, veo al jefe agachado y moviendo los brazos, haciendo señas a nosotros, que hicimos la misma operación pero se sentía, el sonido de las balas muy cerca, R nos ordena arrastrarnos, hacia la orilla del terraplén donde habían unas piedras a lo que me dispuse abracando el fusil y dando giros, logre guarecerme detrás de unas grandes piedras y donde seguidamente, llegó M. Unos metros mas adelante estaban el jefe y los demás con los fusiles apuntando al camino, R salió pegado a unas lomitas pequeñas llegando hasta detrás de las ruinas de lo que parecían ser almacenes donde se ocultaban los soldados aún sin saber quien los había divisado, eran como 5 o 6 soldados que comenzaron a dispararnos, cuando escucho un grito fuerte, era R que da la orden de disparar yo seguí a R. con la vista y logro ver los guardias, a los que comenzamos M y yo a dispararles, el sonido de los fusiles, me causó un estado de temor, y en ese momento sólo miraba que mi gente estuviera en pie, a los pocos minutos, el jefe levanta el fusil AKM 47 haciendo movimientos abanicados como símbolo de parar de tirar, corrimos todos a unirnos con el jefe, eran 6 soldados somalis uno de ellos estaba gravemente herido y lo tenían acostado en un pedazo de techo derrumbado, dos de ellos cayeron muertos por el cruce de disparos, los cuatro restantes, hablaban en su idioma, y R los mantenía encañonados y con las manos en alto. R, ordeno a J L que desarmara al herido y viera su estado de salud, M caminó junto al jefe, y a los detenidos los sentamos a todos en el piso contra espaldas, Ríos y yo, nos quedamos detrás de los detenidos esperando nuevas ordenes. En ese momento sentimos un ruido de camiones o jeep, cuando miramos eran tropas Etíopes, enseguida se bajaron varios oficiales y soldados y empezaron a dar ordenes en su idioma, se dirigieron al jefe que se sentó en una de las columnas derrumbadas frente a los jeep, escuche que hablaban en inglés con J L y uno de los guardias Etíopes.

Fue ordenado a rematar al somalo que se encontraba mal herido, pues ya había perdido mucha sangre y el campamento Etíope estaba lejos, por lo que moriría de todas formas. Después que recogieron a los prisioneros fuimos junto al jefe que hablaba con los oficiales Etíopes y nos enteramos que estaban buscándolos hacia varios días, que habían asesinado a unas mujeres y hombres para robarle, y saquearon negocios y casas.

Antes de continuar nos dejaron saber, que camino a Warder donde nos dirigíamos, habían bandidos y Etíopes que estaban en contra de Mengistu y que estaban haciendo emboscadas, minando caminos y asaltando para robar.

Después que arribamos a Warder, ya era de noche yo estaba súper cansado, y todos los demás en las mismas condiciones con hambre, sueño, llegamos a la retaguardia de las tropas cubanas, allí conocí en persona a el General S B S, muy amigo del jefe y hombre valiente, también estaba el coronel L jefe de una división de tanques, ese día habían cocinado un burro en leña que el pedacito que comí me supo a gloria. Tenía tanto polvo encima que me mire al espejo del jeep y sólo se me veían los ojos rojizos y el color del pelo donde llevaba la gorra.

Las tropas cubanas y etíopes estaban regadas, a los lados de el camino con todos los equipos, Y el jefe dentro de su jeep con todos nosotros. Por seguridad no podíamos quitarnos ni los zapatos, dormí como 4 horas, cuando alguien se acercó al jeep, y dijo café, dimos todos un salto y nos despertamos alegres pues esto nos daba energía, el café etíope es uno de los mejores del mundo y hecho al estilo cubano bien negro te levanta y te pone alegre.

Ya habían dado orden, de que nuestros jeep podían pasar adelante por lo que todas las tropas de retaguardia y técnica se echarían a un lado para poder nosotros avanzar al frente. Mí acidez se recrudecía más y el ardor era casi como si me encendieran un fósforo en el estómago. Comenzamos a salir, por todo aquel camino que no era el habitual, era un camino zarpado por tanques de guerra, que llevan frente unas bolas inmensas de acero llenas de puntas por todo alrededor, y una pala que le llaman barre minas, los cuales a su paso van dejando unos hoyos grandes y muchas piedras.

Yo venia conduciendo el jeep 2, realmente para mi era mucho mejor, Ríos ya tenia la experiencia y era mucha responsabilidad. Empezamos a escuchar explosiones fuertes eran los 120mm y las BM21 que sus sonidos son estremecedores e impresionantes, por su alto calibre. Los MIG 21 de regreso al aeropuerto, después de descargar su carga mortal, volaban rasantes por encima de las tropas cubanas y etíopes donde nos encontrábamos nosotros, de sur a norte. Cuando llegue aquí me sentí como si alguien me borro todo de la mente sólo pensaba en lo que allí veía, era todo un espacio lleno de humo, sonidos estremecedores, una cantidad enorme de equipos militares, y el ruido era casi doloroso en los tímpanos, los jeep los detuvimos detrás de unos tanques de guerra, eran los famosos T 62 rusos.

Fue aclarando el día, y habían mandado a parar el tiro a muchas piezas de artillería y cohetes etc. El jefe había estado en un puesto de mando improvisado de campaña lo observe, que salió y se acercó a los jeep se montó en el jeep 1, echó el asiento para atrás y a dormir, detrás vino R que se sentó en el asiento trasero, enseguida que lo vio llegar allí, realmente yo le estaba cogiendo afecto a R y no apoyaba las asperezas de J L. y Ríos, el jefe tenia un señor guarda espaldas, ojala que él pudiera leer este libro para que limpie la mala imagen que tenia de mi. Ríos y yo caminamos mas adelante del camino a conversar con oficiales y amigos y estuve observando el horrible trabajo que realizaban los operadores de los cañones 120mm sacando los casquillos pesados y calientes del cañón para poner los nuevos proyectiles, esto tenia una secuencia que no se imaginan, no se como ellos pueden soportar la onda expansiva que sale del disparo de estos, me acerque lo mas que pude sin que me llamaran la atención, siempre mirando para los jeep o a alguien de la tropa, en eso veo a M y J L, que estaban en la plataforma de un tanque observando con unos anteojos, eran las tropas Somalas, que corrían hacia la frontera en una huida vertiginosa. Entonces me dio por subirme a ver con los anteojos, que M me pasó de una plataforma a la otra, de los tanques que serían unos 3 metros, pues estaban apareados uno al lado del otro, cuando frente a nosotros a 15 o 20 metros un tanque hace un disparo que me sacó de la plataforma, tirándome al suelo, al caer estaba aturdido casi sin sentido tenia, un dolor muy fuerte en la mandíbula.

Enseguida tenia a M y a J L a mi lado tratando de incorporarme y escuchaba la voz de M que decía llama a un médico mira como tiene la cara de larga, algo le pasó, me sentaron en una silla de tijeras del puesto de mando, me sentía que la cara se me caía al piso, un dolor perro, con un gran por ciento, de la audición perdida. A los 15 o 20 minutos, llegó una mujer militar la capitana V. Dra. de las tropas cubanas me miró y me dijo, unas palabras cariñosas, se paró detrás de mí, me tomó por las mandíbulas, y dándome un tiron fuerte hacia la cabeza, que hizo sonar las mandíbulas que ocasionó un dolor más fuerte que cuando se me desprendieron, me las colocó en su lugar dejándome un alivio instantáneo. Esto sucede cuando, en el momento que dispara una pieza de alto calibre, ocasiona una onda expansiva, que si usted se encuentra cerca, se le puede desprender la mandíbula, o incluso quedar sordo. La Dra. Capitana V, una hermosa trigueña bonita y guapa cubana, que le estaré siempre agradecido.

Este incidente, hoy en día aún me castigan, los dolores lumbares debido al estrechamiento de la quinta vértebra al caer de la plataforma del tanque y que me dejó unas secuelas y un constante padecer.

Me senté en el jeep quedándome dormido quizás unos 40 minutos, y sentí una voz que me decía ¡tú no sirves para guerrero!, cuando abrí los ojos, era el jefe, trate de bajarme para pararme en atención, pero el me puso su mano en el pecho y me dijo tú no eres guardia.

Me preguntó, que como me sentía, le conteste que bien, me dijo que si quería ir al hospital de Dire Dawa y le dije que no que ya me sentía bien, me insistió, seguro, se dirigió hacia los tanques y el puesto de mando, me levante suave trate de caminar pero el dolor de la espalda era terrible, en eso viene Ríos le hable del dolor y me dice que el jefe le había dicho que viniera a preguntarme por que a lo mejor yo le ocultaba algo serio, le explique que no me sentía nada grave, mucho dolor en la espalda y algo en los costados de la cara nada serio. Ríos me busco unas cuantas pastillas de duralgina medicamento de Cuba para los dolores, regrese al jeep y M se acercó al jeep, me dijo que me recostara en el asiento que ya casi saldríamos para Worder.

También vino J L. trayendo un pedazo de pan ruso y una lata de jugo que estaban dando, me tome 2 pastillas más con esta comida porque mi estómago era un volcán, de acidez. Como a la media hora, viene R y me dice que fuera al jeep del jefe, que me sentara, en el asiento delantero, que el jefe le pidió que fuera con él, me levante y haciendo un gran esfuerzo me pase, al otro jeep. Estuvimos 40minutos más, y el jefe se subió al volante y Ríos en el asiento de atrás. El jefe, tomo el camino de regreso a Kebri Dehar, parece que cambiaron los planes, en un silencio total, el jefe me pregunta si me sentía bien, que me había parecido la ofensiva y las tropas, afirmando, ya esta guerra esta ganada quedan algunos regados y los que no están de acuerdo con el gobierno socialista Etíope y eso es problema de los Etíopes, le preguntó a Ríos, que combustible tenemos por que vamos a Dire Dawa, que la cosa no esta buena por allá, estábamos avanzando y el jefe tenia el pie fuerte a casi 120km por hora, cada movimiento del jeep parecía que me había caído otra vez.

Y en ese instante las luces de el jeep trasero hacen señales, el jefe se detiene y M se para al costado y le informa al jefe que del estado mayor querían hablarle por la radio, M se pego a la orilla del camino y el jefe fue al jeep, se sentía una conversación fuerte, regresó y le ordenó a Ríos que tomara el volante, rápidamente me incorpore y me pase para el asiento trasero, no habíamos caminado mucho, cuando comenta, son unos pendejos los Etíopes tenemos que ir a Worder, pensé que el coronel {Te . . .}, podría terminar esto, pero estos negros, son muy vagos. Regresamos, pero esta vez pasamos por el lugar que estuvimos, y no paramos, el camino estaba malo y a pesar de esto el jefe se quedó dormido, la cabeza se le iba a caer con tantos movimientos, la travesía no era muy larga, era menos que de Degeh Bur a Kebri Dehar casi 200km, el hambre era casi algo como para llorar, ya llevábamos 4 días casi sin comer, sólo galletas, buches de ron, y cigarros, en fin, sentía el estómago apretado, me daba sensación, que estaba bajando de peso. Comenzó a anochecer y el silencio me empezó a embobecer, recuerdo esto con detalle porque algo me decía que nada bueno se acercaba, por lo menos para mí, se veía una caravana inmensa entre la claridad que venia de la luna, Ríos me despertó y me dijo, llegamos hace un rato y no quisimos despertarte, vamos a comer algo.

Me puse de pie, pero el dolor estaba prendido a mi cintura, con un esfuerzo, y la ayuda de Ríos camine hasta una casa donde dentro estaban cocinando, eran unos frijoles negros que olían a gloria, con unas papas azadas, me comí una buena cazuelita que era el plato que trae la cantimplora.

Dentro de esta casa y sentados en el piso estaban el jefe y los otros, había un negro cubano que hablaba mierda y casi gritaba, el jefe lo miraba, se puso a decir que él le había salvado la vida a Ochoa, sin saber que Ochoa estaba allí, sentado frente a él, el jefe lo escuchaba y él seguía hablando, al parecer no conocía ni a Ochoa. Hasta que R se le paró frente, haciéndole seña con el dedo índice cruzado en los labios, y pidiéndole silencio, todos empezamos a reírnos, y alguien le dijo, oye pero Ochoa esta sentado casi a tu lado, el negro se puso blanco, se paró y no lo volvimos a ver hasta que terminó la guerra, que fue colocado, de chófer del Embajador que puso Cuba en Etiopia, que era un soldado de las BMP de tropas motorizadas, de apellido B V. Apenas las risas terminaron, parecía una cosa ya programada, comenzó una balacera, con sonidos de bazuca, ráfagas de AK 47, yo realmente no sabia para donde coger, tome el fusil y me coloque al lado del jefe, todos reaccionamos igual, era algo que parecía preparado, el jefe se quedo tranquilo como si no hubiera pasado nada, no se movió de donde estaba, su espalda estaba recostada a una columna de sostén de la casa bien gruesa, nos tiramos todos al piso y seguían los disparos, enseguida el jefe comento eso es RPG 7, que tropas están al frente, preguntó, un oficial cubano le respondió, que eran unas tropas terrestres que venían de regreso, más unos pelotones de soldados etíopes, estos que tiraron seguro que estaban escondidos en esta zona, por que en la tarde ellos no hicieron una revisión del terreno.

Comenzó a bajar la cadencia de los disparos y prendieron un farol chino que estaba en la mesa cuando vimos a RG con la manga de la camisa encharcada de frijoles, él se estaba sirviendo cuando apagaron la luz y había colocado el fusil contra la pared al lado del caldero, cuando comenzaron los disparos se puso a buscar el fusil y metió la mano dentro del caldero de frijoles, que se estaban cociendo, encima de un soplete de gas militar, las risas regresaron, a los sobrevivientes de una emboscada que duro, mas de 10 minutos de fuego constante.

RG se quemó un poco el brazo, pero no fue nada grave, al rato nos pidió que nos reuniéramos en los jeep hasta ver que pasaría, estuvimos un rato conversando pero el cansancio de todos era muy grande, al regreso de R nos informó que podíamos acostarnos en los jeep, que no encendieran ninguna luz de los jeep y que los cigarros, envueltos en la mano, nos comentó que eran como 40 o 50 hombres que estaban en una pequeña loma al costado del camino cerca de la casa, después nos enteramos, que esta casa se había convertido en el estado mayor en esta zona, por lo que el jefe se había quedado a dormir, M era siempre el que se quedaba al frente del grupo cuando no estaba R y nos quedamos todos conversando. Es imposible, creer la oscuridad que hay en el desierto en la noche, la luna había descendido y el frío comenzaba a atacar penetrando en los cuerpos que comenzaban a relajarse de la tensa y tenaz jornada. Ríos me trajo el colchón de campaña y lo colocamos detrás del jeep, las 3 pastillas que me tome con los frijoles me aliviaron y me relajaron por lo que nos acostamos, yo extrañaba mucho el no bañarme, y no veía posibilidades de hacerlo, conversamos un rato y me quede dormido, antes de quedarme dormido yo sentía un mal olor y preferí taparme la nariz con el colchón de campaña y seguir durmiendo, me había acomodado de tal forma que el dolor lumbar no lo sentía, cuando la luz del sol, me empezó a molestar, veo a Ríos riéndose y me dice, mira para atrás de tu cabeza, habíamos dormido entre los pies de tres hombres muertos ya hacia como 2 semanas, por lo que el olor se sentía pero no era fuerte, y me dijo, nos cuidaron toda la noche. El dolor de mi espalda era constante, no quería demostrarlo, no quería ser una carga por esta situación ni quería ir a un hospital por temer quedarme ingresado, me incorporé, tomamos café y unas galletas, cuando vino el jefe, J L y dos oficiales etíope, se subieron al jeep, yo sentado detrás de M que iba conduciendo, el camino era impresionante, a todos lados camiones de tropas, jeep, autos destruidos, bastantes muertos, después de caminar unos 100km llegamos a una unidad militar Etíope donde habían tropas y alguna artillería estuvimos allí un rato, comimos un pan que estaba hecho de trigo y teef, es el pan etíope diario de sus mesas, la Enyera, me la comí con leche condensada y me supo a gloria. En la misma posición en que vinimos a este lugar, regresamos, el jefe vino sólo a hacer un reconocimiento con el oficial etíope en el terreno, comenzamos a escuchar la artillería en dirección, hacia donde nos dirigíamos, paramos y el jefe llamó a M, regresó al jeep a hablar por el radio, y dieron la información que estaban combatiendo a las afueras de Warder, que regresáramos a la unidad etíope por que venían avanzando, por nuestro camino, que eran pocos, quizás una compañía Somalí, buscando la frontera, para regresarse.

El jefe hablaba algo con JL, que lo transmitió al oficial etíope, R. nos ordenó a Ríos y a mi rellenar de combustible los jeep y deshacernos de las kanistras de combustible, el esfuerzo que realice para ocultar el dolor de la espalda, fue grande, pero ya me sentía un poco mejor, además de comenzarme lo que después aprendí con el jefe, un dicho de su inteligencia, ¡enfrenta al miedo,—sentimiento involuntario del hombre, que si lo transformas en defensa, lo convertirás en temor del enemigo!—Avanzamos por el mismo camino a alta velocidad, ya el peso de los jeep era menos al sacar los 6 tanques de combustible que le daban más peso, a unos 50km el jeep delantero se desvía del camino en dirección a unas arboledas tomando izquierda al sur oeste, llegamos a estos árboles y el jefe se bajó del jeep y comenzó a mirar hacia todos lados, dio la orden de poner los jeep en una bajada al costado de los árboles y cercano a un arroyo seco, que se ocultaba a ras con el terreno.

El jefe, como siempre se recostó a la parte trasera del jeep, le dijo a Ríos que trajera galletitas y un vaso con ron, comenzó a repartir galletas y ron, al coronel etíope le brindó y cuando se tomo el buche de Ron poco le faltó para escupir los pulmones, estuvo tosiendo como 10 minutos, nos miraba y se reía con miedo, miraba al jefe, le preguntaba a J L. el estaba, muy acobardado.

RG, le pregunta al jefe, porque no cumplimos las ordenes de regresar a la unidad etíope de reconocimiento, y él le respondió, que ni la vida de él ni la de nadie, él nunca, la pondría en peligro, por informaciones de radio de una unidad etíope, tú sabes si es real, estos hombres están a Km. de aquí y no ven nada, ni pueden ver lo que vemos nosotros, si le partimos hacia arriba no sabemos cuantos son, estos 4 negros que están huyendo, vienen dispuestos a todo por brincar a su país, están sin alimentos, sin municiones y puede, que cuando nos enfrentemos no queden muchos de ellos, si viramos estaríamos entrando al territorio enemigo donde ellos tienen más apoyo y donde son más fuertes, por la cercanía de la frontera, si los esperamos aquí y son pocos, y antes de que nos detecten, los emboscamos puede que salgamos ilesos, quería decirnos que el ejercito somalo, lo teníamos delante, al norte y detrás al sur, el sur era para Somalia y el norte nuestro camino a tomar. En realidad yo fui observando a Ochoa y tenia una videncia espectacular y natural, había que estar a su lado y escuchar estas cosas, para darse cuenta de que no eran versiones exageradas, estábamos en presencia de un prodigio natural sin escuela ni estudios, yo espero que J L P, pueda leer este libro y si es honesto afirme estas anécdotas.

El día que nos emboscaron en Kebri Dehar, fue Ochoa el que vio a los hombres moverse y el que avisó a Ríos para que frenara, como el lograba esto, no lo se, en los siguientes relatos se quedaran impresionados, de su perspicacia. No tengo idea de la hora que llegamos, pero comenzó a oscurecer y para mi esto era lo que el jefe no quería que nos sucediera ni para regresar ni para subir, ordenó a M informar al estado mayor, que él estaba bien con toda su tropa y que estaba esperando para continuar hacia Dire Dawa. Estuvimos conversando y tomando ron, RG organizó una guardia de la que me excluyeron por el dolor de espalda, pero siempre me quede conversando, no era fácil dormir en el estado que teníamos todos, hambre, mal olor, cansancio y unas picadas de pulgas y que solo picaban de noche y lo único, para el alivio, rascarse. Los guardias etíope, se quedaron dormidos, M y yo éramos los únicos de guardia, al pasar una hora comenzamos a escuchar sonidos de vehículos que se acercaban, muy lejos, comenzamos M y yo a susurrar, nos incorporamos y en ese silencio, se escuchó la voz del jefe que nos dijo, esos están a 2 horas de aquí sigan durmiendo y no jodan.

Nos quedamos sin voz, y casi en dos horas ya él estaba despierto y se dejaban ver las luces de 3 carros que se acercaban por el camino hacia nosotros. Un jeep al frente con una BTR y otro jeep cerrando la caravana, todos se pararon, RG nos ordenó quedarnos quietos, sin movernos ni hablar, la caravana siguió más adelante de nosotros, cuando comenzamos a sentir el radio, M quien les había dado las coordenadas nuestras, nos pedían rectificarla, M comenzó a llamar por radio y localizó la caravana informándoles que nos habían pasado a lo que ellos respondieron, que ya el camino estaba limpio que saliéramos a su encuentro y siguiéramos detrás de ellos. Enseguida nos incorporamos y salimos al camino tras la caravana, hasta que arribamos a Kebri Dehar, estaba bien oscuro aún y nos quedamos todos dentro de los jeep, el jefe y RG se fueron a otro lugar.

Me quede tan dormido que me desperté cuando la luz del día ya estaba fuerte, Ríos estaba sentado al lado mío dormido, y en el asiento delantero M con un tabaco Cohíba, disfrutándolo y haciéndome muecas de lo bueno que estaba, Ríos se despierta y M nos dice que fuéramos a tomar café en el puesto de mando, me baje del jeep y me pareció que ya me empezaba la flojera por falta de alimento, también sentía, mucha molestia, los pies me los sentía dormidos y tenia mucha picazón en todo el cuerpo. Cuando regresamos a los jeep Ríos estaba limpiando y quitando polvo de el jeep#1 al verlo me puse a hacer lo mismo en el otro jeep, las salidas del jefe, nunca eran anunciadas, no sólo por seguridad, era porque él actuaba así nunca se sabia que haríamos, todos teníamos que estar a la expectativa, no te podías despegar de alguien de la tropa ni perder de vista los jeep, lo mismo regresaba a la casa que se quedaba, que viraba, que salía, en fin yo no tenía idea de cómo funcionaba. Salimos hacia Jijiga, yo venia conduciendo el jeep #2 realmente manejar para mi es un deporte, me gusta mucho y me entretiene, de regreso a Dege Bur, fuimos emboscados por un grupo etíope que terminaron muchos muertos y otros presos, aquí tuve la oportunidad por primera vez, de participar en un combate pecho a pecho, tuve que vaciar 2 de los 4 magacines del AKM. Camino a Harar estuvimos retrazados por informes de minas en el camino y que acumuló a tropas y a más de 50 tanques de guerra con muy pocas posibilidades de avance debido a la estrechez del camino y los precipicios. El paso de la pesada técnica militar y las vibraciones en estos caminos provocaban movimientos que en ocasiones creaban derrumbes, bien peligrosos, se podían observar desde arriba camiones articulados y autos del tamaño de carritos de jugar los niños. Es increíble que estuviéramos 1 día entero sin poder salir de allí, avanzando a 15km por hora, para llegar a Dire Dawa.

De Harar a Dire Dawa es una distancia corta, por lo que amaneciendo llegamos a Dire Dawa, fuimos directamente a la casa de visita donde ya nos esperaban con un suculento desayuno que nos devolvió la vida a los cuerpos, realmente yo no pude comer mucho pero tome mucha leche tenia tan reducido el estómago que me llene con poca cosa, dejamos al jefe y a RG y nos fuimos a los albergues, me quite la ropa era mejor votarla que lavarla pero, en estos lugares de cubanos tenían mujeres Etiope que lavaban cocinaban y cambiaban sabanas de las camas etc. Mis pies eran dos melones de lo inflamados que los tenia, las medias pegadas a unas ampollas que me sangraron al quitármelas, tenia tantas marcas de picadas de las pulgas que parecía un canadiense pecoso. Nos aseamos y nos tiramos a dormir, no me dio tiempo ni a pensar que estaba en una cama, me dormí al instante. A las 1:30pm, nos llamaron de la casa donde estaba el jefe, que recogiéramos todas las pertenencias y que fuéramos a almorzar. No se si fue peor, no dormir que dormir poco tiempo, casi todos nos levantamos con mal carácter ahora la sangre se había enfriado y se me hacia muy difícil recuperarme con tan poco tiempo de descanso, recogí todas mis cosas y antes de salir me volví a meter en agua fría, esto me levanto un poco el ánimo. Aquí pude conocer el carácter de JL. el traductor del jefe, hizo unas manifestaciones de protesta, diciendo, que este hombre [se refería al jefe], era un abusador, que nosotros éramos seres humanos, que 12 días sin dormir y mal comer, en fin me di cuenta de su fuerte carácter, aunque nunca le quite su razón pues era un peligro salir a manejar con el sueño y el cansancio, y los peligros que se corrían, pero no sabia que le esperaba, una agradable sorpresa. Llegamos a la casa de visita y nos dirigimos al comedor, RG nos estaba esperando y nos sentamos a comer y comiendo, le pregunto a M, que si quería ir a Cuba después a J L. nos miro a Ríos y a mi, y nos dijo, que el jefe le había dicho que si queríamos ir que esperáramos a cuando nos tocara. Esta era la razón, de la brusca salida, al jefe lo habían mandado a buscar de Cuba. Salimos, y yo me sentía bien, conducía el jeep del jefe, quien no tardo en despojarse de las botas y sacar los pies por la ventana del jeep, esto me puso nervioso las matas de marabú a las orillas del terraplén las espinas eran súper largas y punzantes, habían algunas que tenían hasta veneno, es muy conocida en los desiertos y lugares muy áridos, se quedo dormido, y yo trataba de conducir, con varias cosas presentes, no moverme mucho ni coger hoyos del terreno, no frenar brusco, y no pincharle los pies, ¡me estaba graduando de chofer!, yo nunca aprobé estas cosas que los jefes acostumbraban a hacer y que siempre escuchaba, de los chóferes, de la alta dirigencia, no me preocupe, ni me cayo mal, me pareció mas bien imprudente costumbre. En esta zona, no había mucho movimiento de tropas, lo que permitía, avanzar sin mucha preocupación algún que otro pequeño grupo de soldados etiope y algún que otro absolutista, los que siempre adoraron al rey de reyes Haile Selassie, ellos se emboscaban, detrás de trajes de campesinos con los AKM 47 ocultos entre los ropajes nativos, y aprovechaban para emboscar y asaltar a soldados cubanos y etíopes, pero nada preocupante, ya no era una zona peligrosa, siempre llevando la [guardia en alto], frase que RG utilizaba no se si burlona o sentida y que me hacia vomitar, hasta el mas preciado manjar del mundo, es que antes de la revolución cuando yo era pequeño jamás escuche estas serie de frases que sinceramente en la actualidad, que llevo 15 años fuera de Cuba me repugna oírlas, estas frases que el gobierno de F penetro en la población para su apoyo y propaganda. Después de caminar unas 2 horas el jefe me pidió que parara en algún lugar despejado, que no hubiera caseríos o aldeas asi lo hice y era para orinar, tomamos un poco de café que M solía tener en una botella, para satisfacer, entre tabaco y tabaco.

Continuamos el viaje y el jefe preguntó si quería ir a Cuba, espere unos segundos para procesar la respuesta, diciéndole donde le puedo ser mas útil a usted en Cuba o aquí, me miro y me respondió tu y yo nos vamos a entender, tu sabes, que aquí me vas a resolver muchos problemas, que necesito para cuando regrese, pero yo se que tu mujer esta embarazada y tu quieres verla, el deseo lo tengo es normal, pero yo llevo un mes aquí y para que voy a ir ahora. Continuamos el viaje y llegamos al entronque con la carretera, ya el polvo había terminado, en este vehiculo veníamos El jefe, RG, JL y yo cuando, avanzamos un poco RG se me ofreció para conducir y no desperdicie la oportunidad, me sentía cansado, no tenia idea de la hora, pero ya estaba oscuro, me quede dormido, me desperté por un insoportable olor, que proviene de un matadero, que procesan el cebo de las reses, el mal manejo y la poca higiene provoca este mal olor que se percibe a kilómetros de distancia. Arribamos a la casa, Ríos y yo nos fuimos a los cuartos a asearnos y a dormir. Al día siguiente, fuimos a desayunar, y el jefe nos dijo a Ríos y a mi que nos dejaría unas cuantas tareas, que RG después nos daba, me miro se quedo unos segundos como pensando, se dirigió a mi diciéndome que me pusiera ropa de civil que saldríamos a hacer unas compras que irían RG, JL, el y yo. Regrese a mi cuarto y me cambie rápidamente, regrese a la casa, RG me dio las llaves del Mercedes, le revise el motor, el aceite, mire las gomas y le limpie un poco el interior, en ese instante el Jefe salio con un jeans, una camisa de mangas largas de cuadros, ropa poco común en el, pero le gustaba vestir de esta forma y su abrigo de piel negro, RG me pregunto si había traído el arma le respondí que si, diciéndome que podía ir en calzoncillos pero nunca sin el arma. Era mi primera vez conduciendo en la ciudad, tome la salida de la casa y RG me fue dirigiendo hasta que llegamos a la Primera división, al norte de la ciudad, era la principal unidad de mando de los militares en Etiopía, el jefe tenia una pequeña oficina en este lugar, el jefe de estado mayor el teniente coronel O, también tenia aquí su oficina, aquí se encontraban, las oficinas de comunicación y contactos con el mando cubano a través de cables, radio, teléfono, mensajes codificados, aquí también se encontraba, la oficina de Finanzas que las llevaba un capitán llamado B, financista de las FAR, el controlaba el dinero que el gobierno Etiope, le daba a las autoridades cubanas para su manutención combustible, ropas, alimentos, gastos médicos y medicamentos. Yo estaba, conversando con JL y me llamo R a la oficina cuando entre, pedí permiso y estaba el jefe sentado en el buró de la oficina y me dice siéntate tenia dos sobres en las manos uno tenia 100,000 BIRS moneda etiope al cambio unos 16 por cada dólar en el otro 8,000. BIRS diciéndome que fuera con ellos al mercado, le comprara algo al hijo que me iba a nacer que el se lo llevaría a la casa, Y que el otro dinero, seria para comprar algunas piezas para los jeep que quería ponerle, un radio nuevo, ponerle unas gomas y que guardara los recibos de las compras. RG, me explico después como funcionaba esto, así que decidí guardar y cuidar mucho este dinero, podría ser una prueba de fuego. No recuerdo si fue al otro o al otro día que se fueron hacia Cuba, Ríos y yo nos quedamos con nuestro gorrión pero estuvimos trabajando en los jeep y el Mercedes azul que yo repare y lo estuve fregando y puliéndole la pintura etc. Algún día salimos con P a comprar alimentos para preparar la casa para cuando viniera el jefe en fin descansábamos y siempre teníamos algo que hacer pero sin presión ni apuros. Visitamos Ríos y yo muchos lugares de Addis Abeba, una capital increíble y que muchas personas desconocen, las riquezas turísticas de este país Africano. Desde un Hotel Hilton, hasta un Holly Days Inn, las riquezas arquitectónicas de este país, y el valor de sus misterios religiosos, políticos, y su idiosincrasia hacen este país muy interesante.

Esta ciudad, tiene características especiales, es un contraste a los 2 extremos la pobreza y la riqueza, en el centro de la ciudad usted ve circulando, cientos de Mercedes Bens, y autos de gran valor, esto se debe, a que Etiopia es el país que más sedes diplomáticas tiene en el mundo por lo que todas estas conducen Mercedes etc., este es el extremo de riqueza. El de pobreza, es que dentro de estos caros automóviles, circulan a la par, cientos de burros y reses, que sus dueños mueven para llevarlos a los mercados a vender o transportar sus cargas, las calles son sucias se acumula mucha basura, que no se recogen, existen ómnibus para pasajeros locales e interprovinciales, toda la ciudad es como otra cualquiera, carteles lumínicos de todo tipo grandes compañías tanto de Estados Unidos como Italianas Europeas en fin una gran ciudad. Pero a su vez, llena de pobreza que en el día, como en la noche se observa, los desamparados, los ancianos enfermos con lepra, enfermedades de la piel y fenómenos de malformaciones. En aquellos tiempos, principios de 1978 en todo el país Etiope, había un toque de queda después de las 12 AM que no se podía circular por las calles sin distinción, pero los cubanos no nos incluíamos en esa disposición, por lo que en las noches, salíamos a visitar amigos y a bebernos unos tragos lo que veíamos hombres, mujeres y niños en las casetas de las paradas de los buses, en los portales de los negocios, con fogatas encendidas con yerbas, papeles, y trapos, para guarecerse del intenso frío de las noches de Addis, en esta ciudad hay tantos mendigos que a toda hora vagan por la ciudad, en busca de alimentos y lugar donde dormir. Los hombres, y mujeres desnudos, por las calles, miles de niños, que hablan Italiano, Ingles, y Español, pidiendo comida o dinero hambrientos, descalzos, con sus ojos enfermos e infectados, desnutridos y sus vientres inflados por parásitos, y otras enfermedades.

A pesar de toda esta desgracia, Addis Abeba la capital de Etiopia, es una ciudad sorprendente, llena de semáforos, señales de tránsito, iluminada en varias partes del centro de la ciudad, es muy impresionante ver la cruel diferencia entre las gentes, la abusiva ignorancia de los ricos para con los pobres, que tan si quiera no le pueden dar atención medica a estos niños desamparados, un plato de alimento ni un techo para dormir, donde están los sentimientos de los religiosos en el mundo, y también de nosotros los humanos.

El gobierno de Menguisto había, nacionalizado algunos hospitales, respetando a sus dueños, médicos y empleados, de sus propiedades y servicios, por lo que los médicos y enfermeros cubanos, fueron puestos en estos hospitales a prestar, servicio gratuito para el pueblo como una ayuda desinteresada del gobierno de Cuba, también, atendían a las tropas, y personal cubano, los gastos de estos se los cargaban al gobierno Etiope, que a su vez le pagaba a sus dueños. Pero siempre la mano del hombre, al final destruye toda idea buena o humana que crea, siempre terminando en la avaricia y la codicia. Tengo una aneadota, sobre una mujer Etiope, que se gano trabajar fijo, en la casa del jefe en la limpieza y otras actividades. Esta negra Etiope, prieta como un carbón, pero con un corazón mas grande que el de un elefante, tomo tanta confianza que Ochoa, le confió a esta mujer, el cuidado de Alejandro su hijo, esta mujer aprendió a hablar un español casi perfecto, su simpatía y carisma se hizo, merecedora del cariño de todos los cubanos que la conocieron, hablo de SAUDITO. Una noche me llaman de la casa #1 de Compawn, para decirme que Saudito se sentía, muy mal que estaba con mucha fiebre y un dolor fuerte en el vientre. El jefe estaba para Cuba, y yo me encontraba solo, en la casa, M se había quedado durmiendo y los demás se fueron con el jefe para Cuba. Salí inmediatamente en el Mercedes recogí a Saudito y la lleve al hospital Jekaty en Addis.

M, un traductor emergente que tenia el jefe estaba, en la casa, llamó al puesto de descanso de los médicos cubanos les avisó, y fueron para el hospital, un médico cirujano y un anestesiólogo al llegar al hospital, Guenet otra muchacha que me había acompañado, tomamos una camilla, ella preguntó por la sala de emergencia, y en pocos minutos, llegaron los médicos cubanos, y nos ordenaron echarnos a un lado, para reconocer a Saudito. En pocos minutos me dice el cirujano que tomara el elevador, que marcara el ultimo piso, que había que abrirla urgente o moriría tenia una peritonitis muy aguda, los etiope por ingerir excesivo picante los afecta este mal. Llegamos al piso, y al salir una gran puerta de cristal cerrada, bajo llave, llamamos a la sala de emergencia, y a las oficinas y nadie sabia de la llave, los nervios, los quejidos de la negra y un gran estrés, me sacaron de paso, y tome mi pistola Stechkin de 20 tiros automática, y dispare a la cerradura, la cual se destruyó completa. Entramos al salón de operaciones e inmediatamente, los médicos, se colocaron los trajes, se lavaron las manos y me pidieron que si podía ayudarlos, me coloque uno de estos trajes y sólo me paré a un costado de la mesa cuando comenzó, a salir la sangre y una masa blanquecina grasosa, que me causo una impresión, y tuve que salir del salón, gracias, que en estos momentos, llegaban unos enfermeros etiope que se integraron a la operación. Después de la recuperación de Saudito, el hospital entablo una demanda, al gobierno Etiope, para que pagaran la rotura de la puerta, los gastos de salón e instrumentos, utilizados para la operación. En la investigación que realizaron, los dueños del hospital, habían dado instrucciones, de que ningún cubano, después de las 10 PM podía subir, ni abrir el salón de operaciones, ni tampoco hacer uso de nada en el hospital, de todo lo sucedido mi satisfacción fue salvar a esta mujer y de lo cual hoy me siento orgulloso. Tuve que permanecer por dos días, internado en este mismo hospital por infectarme con malaria o fiebre amarilla, la produce la picada de un tipo de mosquito, realmente me mantuve ahí por que me puse muy mal y la fiebre fue muy alta, perdí hasta el conocimiento por unos minutos, cuando fui dado de alta, en el pasillo de la entrada al hospital, sentadas en el piso habían varias mujeres embarazadas, una de ellas dando a luz con el bebe, acostado en el suelo sin aun ni cortarle la conexión umbilical, estas mujeres no eran atendidas por no tener el dinero para pagar, y sólo podían ser atendidas por un doctor de la sala de emergencias cuando estuviera disponible, esto es el mundo de atraso, crimen, y crueldad que muchos de nosotros desconocemos, mis anécdotas simplemente cumplen el mas preciado de mis sueños que queden plasmadas dada la razón de que mis nietos, amigos y lectores conozcan la puerta trasera del mundo.

Otra prueba que doy de la bestialidad que se vive en el mundo, una tarde un taxista en el bulevar de Piazza, se apareó a mi auto y sin más lanzó una escupida a mi cachete izquierdo, la calle estaba congestionada, y el tráfico detenido, salí del auto corrí tras él, saque la pistola lo saque del auto, lo vire de espalda contra el auto, hasta que llego la policía Etiope, con gestos, un poco de Ingles e Italiano pude explicar lo sucedido, nos llevaron a la estación policial y a todas estas, yo estaba solo, y sin comunicación con mi gente, en pocos minutos se llevaron al Anarquista dentro de una oficina, a los 5m me llamaron, lo tenían atado y me pedían, que lo golpeara, ya lo habían golpeado y su rostro sangraba, no pude hacerlo, no es lo que me inculcaron mis padres ni mis sentimientos tampoco, esto era un gran abuso pero así son las leyes de estos países, al ver mi negación, hicieron que este hombre se arrodillara y me pidiera perdón, con unas reverencias y palabras que yo no entendía. Después que realice una llamada a la casa, llegaron RG, y O de los R, excelente traductor que se encargo de el problema, aunque yo me podía haber marchado, no quise hacerlo por si algún problema legal.

Después el traductor me comento que le habían preguntado los oficiales, que si yo quería levantarle cargos, a lo que le respondí que no, y fue liberado.

La fuerza, y el poder religioso eran severos, era un país que por años el cristianismo fue la religión principal, introducida al país por un monje sirio Frumencio, por lo que la Iglesia Etiope desciende de la Iglesia copta de Alejandría, existen otras religiones, que los deja muy divididos como nación, cuando Iyasu V se convirtiera al Islam, proclamándose descendiente de Mahoma y no de Salomón, trajo como consecuencia que en 1916, sus seguidores se irritaran, provocando su deposición, y aprobando la Iglesia Ortodoxa Etiope. También los musulmanes, ocupan gran parte de este país, ya que Etiopia fue invadida por un ejercito de musulmanes procedente de Siria, y que fue derrotado por los etiope, pero su jefe, un general musulmán, después de su derrota se convirtió en fugitivo, pidiendo ayuda a los Portugueses, que en ese momento lo ignoraron hasta 1541, en que estos, procedentes de la India invadieron a Etiopia. Todas estas invasiones, de distintos países, el comercio con ellos hizo que desde el Reino de Aksum en los años 400 AC., hasta la actualidad Etiopia fuera un país lleno de diferentes religiones y sociedades. Hasta el jesuismo, esta presente en las religiones en etiopia, considerado uno, de los primeros países en el mundo, con varias religiones. Ochoa y yo conversamos siempre, sobre estas historias de Etiopia y me insistía que, en este país era difícil tratar de cambiarle la mente al pueblo, por que al no dejar que se abrieran a la educación y el desarrollo en el mundo, este pueblo seguirían esclavos de sus religiones, lograr romper este bloque, no lo consiguen ni con 100 guerras, mira a los alrededores en este país ¿a quiénes le convienen los cambios? a la gente de dinero NO, por que ellos necesitan tener gente que no piensen para seguir explotándolos y hacer dinero. Has visto, lo que hacen casi todos los mas pobres en este país, besan, les hacen reverencias a las paredes del palacio de El Rey Haile Selassie, aun lloran, su muerte y esta muerto desde 1974, al cadáver, nunca se le pudo hacer un funeral, y a sus seguidores, no les han dicho ni donde descansan sus restos, por el temor a las grandes manifestaciones de sus fieles. Te imaginas el caos, en esta ciudad, yo me pregunto, me afirmaba Ochoa que hacemos metidos nosotros aquí, esto es la misma historia de Angola, a morirse por los negros estos, y en 3 o 4 años pierden o regalan el poder, y todo por lo que antes hablábamos las creencias religiosas aquí si que están bien sembradas, no fue como en Cuba, nosotros somos mentes civilizadas, y nunca hemos sido esclavos de nadie.

¿Quien puede, convencer a los Etiope a implantar el socialismo en su país?, llevan mas de 1,500 años de guerra, por las tierras de Eritrea, las invasiones que han sido unas cuantas y a esto, la presión de varios países como Alemania, El Reino Unido, Francia, Gran Bretaña, Estados Unidos, Rusia, Sudan, Yemen, este país africano esta lleno de riquezas, sin explotar, que son las que quieren coger los rusos. Eso de internacionalismo, suena bonito cuando lo escribes o lo dices pero los bolos [rusos] no son igual que nosotros todo el dinero de las armas, municiones, transporte, y equipos de guerra, que ellos han invertido aquí se los van a cobrar a los negritos, con minerales, petróleo, piedras preciosas, y otras cosas este es el intercambio socialista, pero además la mas importante y para ellos la posición estratégica militar en esta punta del Africa, a un paso de Yemen del Sur, ya les aprobaron el montaje de las 3 primeras bases militares en este país, lo mismo que hicieron en Cuba, ellos nos ayudaron y nos ayudan por que Cuba esta al centro de las Americas a 90 millas de su mayor enemigo los Estados Unidos, mira cuantas bases ya hay en Cuba, aérea, de cohetes, navales son ventajistas, y astutos estos rusos.

Los Etiope, no han podido hacer mucho con sus riquezas por falta de dirección, de cultura, de estudios no tener, en todos los años de guerra ni un buen gobierno ni un buen sistema político. En la guerra de Eritrea, a la que tendremos que ir de observadores, por que ningún país puede intervenir, ya que es una guerra civil, ellos no pueden pedir ayuda internacional, como lo hicieron cuando la invasión de Somalia, por lo que veremos que hacen ellos.

Yo me fui adentrando, e interesando por los misterios de este país su pueblo, yo quería visitar a Eritrea, que era el territorio más, luchado por los gobiernos de Etiopia, era el poder del mar que siempre lucho, y que los Tigrinas no cedían, las perdidas de vidas y recursos utilizados por estos litigios los hacía más pobres, la tercadez y la ignorancia los retrasó por años para industrializar y desarrollar el país. En la actualidad, el territorio de Eritrea esta anexo a Etiopía ya que fue obtenida esta por el FDRPE que es el Frente Democrático Revolucionario del Pueblo Etiope.

Conocí y visite el palacio del Rey de Reyes así se autonombraba el rey depuesto por Menguistu H Marian, me interese por saber y ver como los hombres se hunden en la ignorancia y lo que comente antes son aplastados por los mas inteligentes. Este Rey todos los días cuando se levantaba ordenaba sonar unas trompetas, que le daban según su pensamiento la orden a los otros reyes del mundo a que se podían levantar por que el ya lo había hecho, a la entrada del palacio en cada lado de las escaleras permanecían dos Chitas felino de la selva, el mas veloz del mundo amaestrados por sus esclavos y que tenían que permanecer en este lugar mientras el estuviera despierto, como un símbolo de guardias de seguridad Además tenia, una habitación con varias vitrinas llenas de uniformes de todos los ejércitos del mundo, por que el decía que poseía el mando de todos estos, también, cuadros llenos de condecoraciones de todos los ejércitos y de las guerras que han sucedido en el mundo, como condecorado por su participación, que nunca tuvo.

A un costado del palacio, había un almacén o nave que dentro tenia mas de 300 autos, de diferentes años nuevos sin casi uso, digamos con 300km o menos, autos americanos clásicos y de todos los países fabricantes, de autos Alemania, Inglaterra, Italia, Estados

Unidos, era una colección inmensa solo viéndola se podía creer. Poseía además un Zoológico personal con diferentes especies de Animales salvajes, en la puerta de este, la tumba de una perrita que el tuvo y falleció, que la tapa superior estaba enchapada en oro y la tarja era de oro macizo, con piedras incrustadas.

La habitación de descanso de este llamado rey de reyes, las pinturas de los techos eran una copia de algunas de las pinturas de la capilla Sixtina, en Roma, el lavamanos, la tasa de baño, y la tina estaban completamente enchapadas en oro, y las llaves de baño eran de oro de 18k, las cortinas y los pisos, maravillosos es uno de los palacios mas lindos, poseía también una copia exacta de la galería de los espejos en el palacio de Versalles, al que visite en Francia. Un pueblo lleno de hambre y vicisitudes que aún lo adoran e idolatran, una prueba más, de las mentes de un pueblo manipulada por el hombre en una de las habitaciones en este palacio se hospedo, F C cuando visito Etiopia.

Una forma más de abuso a los hombres, conocí en este Palacio en Etiopia a un hombre que era primo del Rey, que fue castrado para atender a las hijas del Rey, y que no hubieran problemas con los deseos sexuales, este señor aún se encontraba viviendo en el palacio, después que el Rey murió esto es habitual en las religiones musulmanas, estos seres son nombrados Enucos, les crecen los senos, les cambian las facciones al dejar de producir su cuerpo las las hormonas masculinas, al ser despojados de sus órganos, así es nuestro mundo eso somos los humanos y religiosos.

Ochoa leía bastante por lo que, se podía conversar con el lo contrario de otros generales y oficiales cubanos que eran casi analfabetos, por que el Rey de Cuba F C los castra, pero no sus órganos, si no sus mentes para que solo piensen, en sus ideas personales de su interés y ambición de poder.

La confianza entre Ochoa y yo se afianzaba, las conversaciones eran cada día mas amenas e interesantes, hablábamos de temas políticos, el desequilibrio de la humanidad producto del atraso, la desinformación pero siempre cayendo en el tema de Cuba, el me comento varias veces que habían, cosas que nunca iba a entender, pero son ordenes y estas se cumplen y no se discuten, Cuba esta jodida, con la economía estamos pidiendo ayuda a Rusia la URSS, y el <viejo loco>, utiliza estos mismos recursos en guerras inútiles, que no logran cambiar nada, yo tengo la certeza, que esto que hemos hecho aquí en este país, no va a durar mucho, el comandante se volvió a equivocar, es por eso que yo estoy contento haciendo guerritas, no quiero estar muy cerca de aquel infierno.

Si yo, fuera el jefe, así nombraba Ochoa a Fidel, yo ayudaría a todos los países, por el pacto socialista de ayuda mutua pero, cuando yo tenga, por lo me menos las cosas básicas garantizadas, como ha hecho la URSS Rusia, Cuba esta empezando ahora a salir de los problemas, seguro estoy que el, ya me tiene otra aventurita preparada, por Nicaragua, ya me dijeron, y la cosa allí si no es como Angola y Etiopia. Estos indios son matones, y asesinos hacer una guerrita allá no es lo mismo que aquí, los intereses de los narcos están por toda esa región, y estos pueblos con tanta incultura e ignorancia no tienen alma de sacrificio y sobre todo, cuantos años llevan de capitalismo, esto que no lo entiende el comandante, por que el cree que en Cuba, pudo lograrlo, yo te veo a ti, a J L. a Ríos y a miles de gentes que uno conoce, que hacen las cosas pero, lo hacen por estar en una posición política definida, la mayoría de los civiles que mandan a cumplir misiones temen represalias tu te crees que nosotros los jefes, no vemos las cosas, ¿tu sabes quien es otro, que yo hablo con el, como lo hago contigo, R B. ¿Tu sabes quien es? mi respuesta fue si, el que había sido chofer suyo, pero coño, como yo voy a decir que todo esta bien que la revolución va por buen camino, y la gente se le quiere ir para Miami, se le van la gente, tu crees que yo no se que a ti hay mil y una cosa que no te gustan del comunismo, por eso yo hablo todo esto contigo por que si esto lo hablo con una gente, como RG que tiene una forma de pensar cerrada, sin criterios propios, o me delata al Partido o me meten preso por contrarrevolucionario, lo mismo que siempre hablamos te tienen la mente presionada o engañada para que no pienses mas que ellos. Tu ni te vas a molestar en delatarme, ni decirle a nadie, que si yo pienso si no pienso, además no me importa, tu tienes tu mente ocupada en tu desarrollo personal, a ti no te interesa nada mas que los libros, las herramientas y los buenos y caros carros, a ti no te hace falta nada, y así es como debe ser lo que tu quieres ser debe ser respetado. ¿Tu sabes quien es C—?, mi respuesta, si he escuchado hablar de el, su chofer de los años, así es, y lo quiero lo respeto, es buenísimo pero, que se me ocurra a mi, hablar nada de esto con el, como dice Ríos yo mismo me doy 60 patadas por el culo. Aquí yo voy contigo o con Ríos, a templarme una mujer, y jamás ni escuchar un comentario de nada ni a nadie por parte de ustedes, C— no esta aquí y no vino conmigo, por el simple hecho, que cada vez que yo iba con el a algún lugar a salir con una mujer, la CIM se enteraba, y en muchas ocasiones me llamaron a contar por que si era la esposa de fulano de mengano, quien mas podría ser que el. Tu y Ríos que son un par de simples reservistas, los ha presionado A, y todos sus gorilas, a que hablen y le cuenten adonde voy, con quien estoy, que yo hago en el hotel tal o mas cual.

Tu crees que yo no he tenido problemas por tenerte al lado mío, me han llamado mil veces, el Partido, la CIM, hasta me pidieron que te soltara para, ponerte de chofer de P allá en Diré Dawa, con el pretexto de que hacia falta hasta que terminaras tu misión y cumplieras, el tiempo reglamentado, les respondí que tu no habías venido por que te reclutaron, que Ríos te propuso y yo te pedí a la reserva, cuando yo termine mi misión tu, te vas conmigo. Tengo que seguir, sigues conmigo. Extraído, del diario la guerra en Etiopia, 1979 Cesar.

El regreso, del jefe y los demás, ocurrió a los 10 días y, a Ríos y a mi, nos dio tiempo de cumplir las tareas asignadas y algunas mas que aparecieron en el camino. Yo he tenido facilidades para hacer muchas cosas, de plomería, electricidad y carpintería por lo que P el cocinero me cogió para varias roturas en la casa, pintura etc. Cuando el jefe regreso, la CIM había decidido el cambio de casa del jefe para la casa #1, que estaba al lado de la embajada Cubana, y nos mudamos para aquella casa también venia M. y Alejandrito de Cuba a estar un tiempo, con el jefe. A esta casa, entonces le colocaron guarnición exterior, eran un grupo de 6 muchachones cubanos muy buenos, llevaban ya 2 años de misión por que estaban en Angola, y después los llevaron para Etiopia. Esta casa, fue tomada por el gobierno, y era de gente de dinero, que tuvieron que salir huyendo del gobierno socialista de Menguisto por lo que, tenia jardines, garaje, cuartos para la servidumbre y hasta comedor, individual. Los cuartos traseros estaban muy cómodos y bien bonitos, por lo que nos instalamos Ríos y yo en uno y los demás en otros cuartos. Aquella casa, tenia lindos jardines y me sentía mucho mejor, al día siguiente fuimos todos, con el jefe a la primera división, en el Mercedes y en un FORD station wagon que tenían en la casa y que fue comprado, para M. la esposa del jefe y lo tenían en un taller de chapistería, reparándolo después de un accidente que tuvo J L. aprendiendo a conducir, por esta razón, yo no sabía de su existencia. Estuvimos en la oficina del jefe como hasta las 3 p.m., habíamos almorzado en la unidad la comida para los oficiales no tenia nada que ver con la de los soldados, ellos tenían un comedor distinto, al de los guardias, nosotros comíamos con el jefe.

Este día, recuerdo que el jefe estaba contento no sabíamos, por que era pero todos comentábamos lo mismo, estando en la mesa dijo que mañana saldríamos para Diré Dawa le pregunto a Ríos si los jeep estaban listos, me miro diciéndome Cesar, ¿Ríos trabajo?, o todo te lo dejo a ti, le respondí que si dándole apoyo a Ríos en realidad el tenia razón Ríos era un poco vago, y siempre lo fue, pero a mi me gustaba hacer mis cosas solo, así la responsabilidad no quedaba en el aire, el era el hermano, que nunca tuve y nos llevábamos muy bien por lo que jamás por mi mente pasaría pasarle por encima o aplastarlo, la amistad de nosotros era fuerte y no permitiría, que nadie me enfrentara a el y si querían probar mis condiciones de hombre, no fallaría yo vine a este país, por Ríos y no por mas nadie, es esta una de las razones por la que hablo, de respeto, amor y humanidad, al comienzo de mi libro. El jefe, me pregunta si tenían ya las gomas nuevas, que el pidió, si tenían los tanques llenos de combustible, y si habíamos comprado Garrafas nuevas para llevar combustible adicional. El jefe, ese día caminando por el jardín, tenia una lata de choco leche, con una cuchara comiendo, en ese momento me mando a llamar, para que le comentara sobre las garrafas a los costados de los jeep, yo las había adaptado, a los costados de los jeep, me pregunto sobre las gomas, reviso los jeep y se dio cuenta de el pulido de la pintura, la limpieza interior, el fregado de los motores etc., yo estaba a su lado esperando que me dijera algo, se paro frente a mi me extendió la mano y me dijo, te felicito y te agradezco, parecen nuevos estos carros, a lo que le respondí en forma de calmar la ofensiva hacia Ríos que para hacer, todo esto se necesitaba tiempo, que Ríos aquí solo con todo le era muy difícil.

Yo paseaba con un mono, un mandril que el jefe lo había comprado hacia unos meses, "El Famoso Pancho", tengo que hacer esta anécdota, para que se vean los rasgos de una persona natural y para nada ficticio, después de las cualidades que le impusieron, en el juicio de honor en la causa # 1, escucho a la gente, de la calle difamar de el, con injusticias, que yo certifico que son mentiras, jamás yo lo ví, ni ostentando sus grados, ni cargos nunca aprovechándose en empresas del gobierno ni tomando nada indebido, ni para su familia ni su persona, que si tuvo, 10 casas, 10 autos, fincas, por que esto no se vio antes de la supuesta condena, esta es una muestra de las tantas que podrán tener aquí en este libro, si yo fui su amigo, y teníamos una amistad bien abierta y sincera, yo fuera testigo de todas estas propiedades, si yo fuera testigo de todas estas mentiras inventadas, lo digo con toda seguridad, y lo afirmo abiertamente como todo lo que viví y escuche. Ochoa era un campesino criado en la pobreza, sin educación, cultural ni social, un hombre de hierro y trabajo desde que abrió sus ojos en el campo.

Observen ustedes, su sencillez, humildad, y su idiosincrasia de campesino, que nunca pudo ocultar, era tan visible que, mientras caminábamos, y conversando sobre los jeep, no me di cuenta, que le estaba dando al mono, la cuchara con choco leche, para que el mono, le pasara la lengua, cuando chupaba la cuchara la llenaba otra vez, y entonces el, le pasaba la lengua sin el mas mínimo escrúpulo, díganle a F, R, o algún alto jefe que hicieran esto.

Nos fuimos a comer, y después de comer, me pidió que me quedara para conversar un poco, terminamos de comer y salí a fumarme un cigarro, y en unos minutos me mando a buscar con Ríos, entre en la sala y me senté en un sofá, recuerdo que estaba Ríos, RG, M y J L estos dos últimos, buscaron un pretexto y huyeron con rapidez, no querían jugar canasta, y J L. me dijo en voz baja y entrecortada, te lo sacaste estoy cansado de sus historietas, a mi no me, coge mas. Yo no veía a J L conforme de estar allí y con la experiencia que tuve, en Diré Dawa por la forma en que se quejo, al no poder dormir me fui dando cuenta de su carácter y prepotencia por lo que trataría, de no enfrentarme a el nunca, y con lo que observe una noche, en que regreso borracho con RG y M de una fiesta, y yo estaba acostado en mi cuarto siento una bulla con forcejeo, y ellos querían meterlo a su cuarto y se resistía, yo me acerque sin hablar, y veía como el, le daba golpes contra la pared a un reloj Seiko que le había regalado el jefe, yo me agache y recogí el cristal, parte de la manilla, entonces me miro, con cara de desprecio, y agresiva me dijo que cojones tu haces aquí, yo no le conteste pero si, RG le dijo algo. Realmente, me lleve la imagen de un hombre malcriado, que cree merecerlo todo, siempre fue de esta gente que conversa, escuchándose a si mismo, y buscando en las conversaciones, debates, con críticas capciosas y burlonas. Ojala que el, lea este libro, para decirle, lo que no quise decirle, no por miedo si no por no buscarme un problema del cual el se hubiera alegrado. Esa noche, era interesante para mi, me gustaba escuchar aneadotas e historias, de las cuales, siempre se obtienen enseñanzas. Yo no soy amante de creer que hay hombres superiores a otros, pero si tenemos que aceptar que no todos tenemos valor, destreza y talento para realizar, actividades que no son comunes y que son riesgosas, Ochoa siempre demostró, que en lo suyo era bueno, sus experiencias y pasajes me dieron, fortaleza y madurez me creo bases personales, para enfrentar mi futuro, y me enseño a vencer el miedo. Nos sentamos y el tema que abordo el jefe, fue sobre los autos, estuvimos conversando sobre la tecnología rusa, y fue una entrada inteligente de mi parte para sacar de verdad su sinceridad al hablar, pude desahogarme de el atraso de los rusos y su obsoleto comunismo su sistema, el que solo copiaba autos, motores americanos y europeos, y encima los hacían mal.

Su poca, sorda y sincera sonrisa, no la evito y yo esperando una respuesta, fanática, del inculcado anti imperialimo, y el obligado apoyo a los rusos, me quede sorprendido y me sirvió de apertura para otras opiniones que quería oír de su propia boca. Debo aclarar que cuando digo, desahogarme es que en Cuba es mal visto por el sistema y el gobierno criticar, algo o alguien que se relacione con los rusos o el campo socialista, el gobierno propagandisaba que ellos, eran nuestros hermanos, y que nos daban ayuda económica y militar. No quiero exagerar, pero era realmente así decir yo esto, ante un general cubano era algo insólito, Ochoa me había dado pie para decirlo, y aunque no lo crean estaba presentando mis credenciales, de la forma de pensar y la independencia de ella. Ustedes dirán como es que yo recuerdo todas estas anécdotas y les puedo decir que muy oculto tuve la inocencia, si así se puede llamar de hacer un diario de mi estancia en Etiopia por que en aquella época para mi, esto de participar en esta guerra, era algo que lo veía como un merito, que haría, un bien a la humanidad. En esta conversación, RG el mayor de la contra inteligencia militar, que era jefe de escolta me pregunta, que si yo era militante del partido, a lo que le respondí que no, me insistió y le explique que yo había salido del ejercito hacia poco tiempo, y que yo había sido de la juventud comunista al salir del servicio por mayoría de edad me habían dado la baja de la UJC, Unión de Jóvenes Comunista. Esta pregunta fue capciosa, por que como no van a saber, que yo no era del partido, cuando en Cuba para viajar o salir del país, y para estar en la posición de chofer del jefe de la misión cubana en Etiopía, los hombres o mujeres que van a realizar esto son pasados por una rigurosa investigación hasta en la barriada donde reside, el chequeo a que fui sometido en Cuba, fue bien profundo. Pero yo si, sabia que esta pregunta tenia otro objetivo, que mi respuesta, llegara a oídos del jefe y que supiera que yo no era de las filas del PCC. Todo en Cuba, funciona bajo la presión, y la política, conveniente de F, su dictadura y su sistema, al pasar el tiempo, Ochoa les dejo ver, para quitármelos de encima, que el partido no enseñaba ni educaba a los hombres, pues en varias ocasiones los políticos en la misión trataron de enrolarme en sus filas, me tenían seco, hasta me hicieron una propuesta de crecimiento directo método que utilizan en Cuba sin mucho proceso, y con mas rapidez teniendo en cuenta un expediente con récords limpios, un día se presento en la casa del jefe el mayor que era el político de la misión, se reunió con el jefe para pedirle que querían hablar conmigo, para comenzarme el proceso del partido, ya habían hablado conmigo varias veces y yo siempre se lo comentaba a el, ese día yo estaba en la casa de O el segundo de Ochoa, y este me mando a buscar, entre en la casa, y el jefe me dijo siéntate, el mayor se dirigió a mi diciéndome, que me estaban avalando para procesarme para el partido, yo me quede callado, cuando el jefe interrumpió al mayor diciéndole, yo no quiero que ustedes piensen que yo apoyo, que

Cesar no sea del partido, pero yo creo que como piensa Cesar, va a tener problemas en el partido yo les pregunto, si ustedes no quieren en las filas del partido a hombres que admiren las cosas de los Yankys, sus automóviles las carreras de Indianápolis, las motos Harley Davidson, yo creo que Cesar, no puede ser del partido, yo llevo un año con el y mejor que el no lo quiero, estoy seguro que no es fácil, suplantarlo, cierren este caso no jodan mas y esperen un tiempo para que madure.

El único en Cuba, que podía hacer esto era Ochoa, quien se metía a informar esto, al partido, o a alguna autoridad superior, que otro oficial de cualquier rango tenia valor de hacer esto, los oficiales de la inteligencia y del partido, no resistían, que yo tuviera esta posición sin ser del PCC, y mucho menos estos privilegios que Ochoa me concedía.

Yo, ya estaba preparado para lo que me acontecía, el suplicio de vivir en el comunismo la envidia, la presión de que te están vigilando, hacer bien y cumplir con el trabajo asignado, y mis conocimientos en los Mercedes, era un suplicio al cual, tendría que enfrentarme.

La visión, que tuvo Ochoa de ver, que yo tenia las características, que le acomodaban no era mi culpa, la amistad yo no la forcé fuimos amigos por el simple hecho de simpatía, química y respeto, lo único que el sabia de mi persona, era la fama de buen mecánico mas nada. Ahora, comenzaba la aterradora forma de bloquearte o de quitarte, del medio por puro gusto, el infierno negro que se vive en Cuba y del que hable anteriormente. Yo sabia, que al mínimo error, seria condenado, sacado quizás a una unidad en el centro del Hogaden, para sacear su cancerosa envidia, como ya era de costumbre, con este tipo de gentes, realmente esto sucede en todas partes del mundo pero entre los cubanos se ve mas debido al sistema implantado en Cuba que limita a todos al desarrollo y las comodidades.

Esa noche el jefe, me comento de nuestro viaje al siguiente día, que era una zona en la cual las tropas cubanas no estaban, pero que el quería explorar, iríamos al sur específicamente a Kenya, pero antes teníamos que ir a Jijiga. Al siguiente día salimos en la mañana y yo conducía el jepp del jefe, cuando salimos eran las 8am saliendo de la ciudad y el jefe le comenta a RG viste con que facilidad salimos hoy sin tener que ir ha echar combustible que si el cristal esta sucio, viste como camina este carro, viste la pizarra limpia, el radio quedo bien puesto ya no se cae como el otro, y por eso se jodio. Estos comentarios no me gustaban, el jefe hablaba como si el trabajo de Ríos no le había sido de su agrado, no me interesaba futuro ninguno con Ochoa, ni de trabajo ni de nada mas que ganarme un apartamento para mi familia, y de esto Ríos estaba mas que conciente, por lo que me quedaba callado sin comentario.

Llegamos a Harar, y le propuse a Ríos, que deberíamos rellenar los tanques de combustible de los jeep, estuvo de acuerdo, dándole, manigueta a la bomba de combustible, aproveche para conversar sobre lo que estaba sucediendo, le explique que el sabia que yo era su amigo y que nunca pensara que yo hacia mi trabajo bien, por quitarle la posición a el, su respuesta fue tan sincera y positiva que me borro de la mente esta preocupación, además toco un tema del que ya yo me había percatado que a RG yo no le caía en gracia, por que el le había comentado a Ríos, respecto al trabajo que había hecho a los jeep, y que yo lo había hecho para hacerlo quedar mal a el. Ríos me aconsejo, que me cuidara de el, aunque nada que sucediera que el se enterara dejaría de ponerme al tanto, así viven los comunistas, y los cubanos es todo un martirio lleno de intrigas, de desaciertos, tienes que vivir a la defensiva todo el tiempo dormir con un ojo abierto y el otro cerrado. Al siguiente día llegamos, a Jijiga a la unidad de cohetes donde habíamos estado la vez anterior, estuvimos todo el día y antes de comer ya, en la noche RG nos informó, que saldríamos después de comida hacia la frontera somalí al norte, que nos preparáramos, que llevaríamos agua y lo de costumbre, nos dijo a Ríos y a mi que llenáramos full los jeep de combustible, y que fuéramos con el para coger algunas cosas de comida. Realmente nosotros, ya hacíamos un Tin bueno todos nos poníamos contentos cuando hablaban de irnos, acá o allá aun sabiendo que la vida estaba en juego, lo tomábamos como algo natural y no pensábamos ni en los peligros, lo hable al comienzo de mi libro, el hombre se adapta a las situaciones que lo rodean, y el miedo se convierte en curiosidad. Salimos, esa noche con un jeep en la cabecera de la caravana, detrás una BTR con su tropa, detrás Ríos en el jeep # 1 seguido del jeep # 2 en el que viajábamos M y yo solamente, detrás venían 2 jeep WAS rusos con el jefe de la unidad de Jijiga.

M me informó que en el viaje se nos uniría el general Ruso, C, por que tenían cercada a una unidad Somalí, que suponían que después de la retirada, se unificaron con otros grupos, y querían seguir jodiendo pero, todo estaba bajo control solo les querían cerrar el cerco por que tenían, la esperanza de que estuviera vivo, o preso con ellos el teniente O C V, que estaba desaparecido, fuentes de información decían que lo tenían como prisionero de guerra. La noche no estaba tan oscura, como para el sur pero después, de pasar unas montañas dieron la orden de apagar las luces de los jeep, disminuyendo la velocidad, avanzamos unos 500m y de una montaña pequeña comenzaron a tirar con unos cohetes RPG7 proyectiles capases de perforar la plancha de acero de un tanque de guerra, y después que penetra, explota acabando con la tripulación del tanque de guerra, toda la caravana se disperso a los costados del terreno, no era difícil en la noche, detectar de donde se producían los disparos. En cuestión de segundos a unos 50m de nosotros le cae a una de las BTR uno de estos proyectiles, levantándola casi en peso de una esquina, aquí salieron heridos 2 guardias cubanos, uno perdió un brazo, era terrible ver a los hombres heridos y no poder llevarlos ni moverlos a que lo asistieran, todos estábamos debajo de los jeep a la orilla del camino, de pronto comenzaron las tropas nuestras una balacera que se podía igualar a los fuegos artificiales, de los carnavales. Estábamos rodeados, porque los proyectiles se veían cruzados, los soldados somalos sabían que estaban perdidos por la suma de hombres, ya ellos estaban cortos de municiones, sin organización, agua ni alimentos por lo que parece que nuestras tropas, le dieron la orden de desgastar al enemigo, esto quiere decir que se fuerza al enemigo a gastar municiones alargando el combate, y realizando disparos cortos desde diferentes posiciones por lo que aparenta mayoría de tropas, debilitando sicológicamente al enemigo, casi 2 horas duro el termino de esta emboscada hasta que del sur hacia el norte comenzaron a verse tropas que venían hacia nosotros, lo que hizo que cesara el tiroteo, y comenzaron los Somalos a entregarse y a tirar las armas, de pronto se vio a un guardia nuestro salir y vocear, ¡no salgan no salgan!, una ráfaga de fusil hizo blanco en el jeep #2 rompiendo el cristal delantero, y otros lugares fueron impactados, por lo que otra balacera, se desato cubriendo toda aquella loma de proyectiles, esto termino con un silencio total, y al paso de media hora enviaron a 6 exploradores con algún que otro soldado, lo que dieron la voz de terreno limpio. Los somalos eran unos 30 hombres, casi sin recursos y en este combate murieron uno 20 con algunos heridos, con buena suerte, eran estos los que se estaban buscando, y todos fueron entregados a las tropas etiope, junto con dos oficiales del ejercito Somalí, con tan poca suerte el oficial cubano no estuvo ni estaba con ellos. Tuvimos que, permanecer hasta las 2 p.m. del día siguiente en este lugar, por problemas de seguridad, regresando a Harar al siguiente día. Teníamos pendiente el viaje que el jefe quería dar a la frontera con Kenya, pero con el jeep # 2 sin el cristal delantero y el del costado izquierdo, no seria posible dar el viaje, aunque Ríos y yo hicimos el esfuerzo por conseguirlo en Harar, tuvimos que regresar a la ciudad, para llevarlo a la agencia Toyota. Estuvimos en la ciudad, con el trabajo cotidiano de llevar, al jefe a la oficina y para la casa, era ya para nosotros aburrido los fines de semana eran horribles lleno de aburrimiento y soledad, las actividades cesaban y la tristeza se apoderaba de las mentes, lo que no era nada agradable.

M había instalado, un equipo de radio Yaesu y una antena la forma de comunicarse con los radio aficionados en Cuba y hablar con su papa que también era radio aficionado, el realizaba la comunicación desde la casa en Addis, a Santiago de Cuba, donde estaba la federación cubana de radio aficionados, y esta comunicación la pasaban al telefono, esta conexión es llamada, phone pach.

De esta forma, pude llamar a mi casa y hablar con mi madre en paz descanse y con mi esposa, en varias ocasiones, incluso hable con mi esposa antes de dar a luz, desde el teléfono publico del Hospital Nacional en La Habana. Para no aburrirme, le pedí a M que me enseñara a telegrafiar, y a comunicarme con la radio, y conseguí aprender en poco tiempo y entretenerme.

Un día en la noche, RG me informo que venían de Cuba y se quedarían en Diré Dawa el general J C, su esposa y su secretaria que yo tenia, que recogerlos en el aeropuerto. Al día siguiente los recibí en el aeropuerto, venia el general J C R, su esposa, que era la hija del Ex ministro de Relaciones Exteriores R R, y su secretaria, regresamos a la casa y estuvieron hasta tarde cenando, tomando tragos, con el jefe, después los lleve a la casa #2 que era la casa donde antes vivíamos, y donde se hospedarían. Estuve con ellos, una semana mostrándoles Addis, fuimos a las tiendas, a las unidades militares etc., hasta que fuimos todos para Diré Dawa donde se quedarían, para relevar a un jefe. Los hermanos C, S y J, provienen de familias acomodadas de la sociedad pudiente, antes de la revolución, vivieron otro estilo de vida, tuvieron estudios universitario, de donde se integraron a la rebelión, estudiantil universitaria, la clandestinidad el directorio revolucionario y después al movimiento 26 de Julio, hago este señalamiento para que se compare con la vida y la infancia que Ochoa tuvo en su niñez.

Los estudios, universitarios, antes de la revolución costaban dinero, como en todos los países, la gente pobre no podía estudiar en las universidades, estos grupos de jóvenes tenían preparación, cultura, y una buena posición social y adinerada de sus familias, muchos de estos oficiales y dirigentes, nunca pensaron que F daría un giro al comunismo por lo que al esto suceder, tuvieron que quedarse en cualquier posición, engañados ellos mismos con doble cara y sumidos en la traición C, muchas clases sociales lograron escapar pero otras no, por lo que se sentaron a esperar un puesto en el gobierno, otros mas adelante se fueron del país y hoy en día siguen saliendo arrepentidos, y cansados necesito una pagina entera, para poner nombres de doble caras, que para mi son mas que, oportunistas. La hija de R R, esposa de J C es una persona, favorecida desde que abrió sus ojos una niña criada en ceda y flores, su plasticismo por la posición, que logro desde su infancia y su posición actual, la hacen ser y considerarse superior a las masas del pueblo y a los pobres, y a mirar por encima del hombro como acostumbran ellos, es ese tipo de persona superficial, indolente, y que se considera superior, por las razones que antes mencione, tener que soportar, indolencia y [vejaciones con diplomacia]. Estos millonarios sin dinero, que no lo necesitan por que con el poder basta, tienen sus círculos de la alta burguesía revolucionaria donde se reúnen, todos los dirigentes cubanos y sus familias, los cuales se favorecen, entre ellos por las distintas empresas comerciales que dirigen, se reparten los mejores cargos y empleos, se reparten o resuelven entre ellos, autos, casas, viven en los mejores repartos, el de los verdaderos millonarios cubanos, a los que le arrebataron sus casas y propiedades sin el mas mínimo escrúpulo las Ordaz f, los que hicieron de Cuba un país en ruinas para vivir y chuparle hasta los mas mínimos recursos. Hoy todos gozan, de los mejores lugares turísticos del país, a donde no puede el pueblo visitar, y que se construyen a costa del sacrificio del pueblo que trabaja, sacrifican su vida, sin tener nunca un futuro cierto.

<Continuación: Etiopia>, después de esta visita, estuvieron el Ministro de las FAR, R C, J A, y Otros, yo no tuve que trabajar, con ninguno de ellos, pero si tuve la oportunidad, de estar en una comida y escuchar al señor R C hablar, con la voz fingida de hombre fuerte y valiente, los tragos de Wisky, Ron especial Habana Club, cuidadosamente añejado en barriles, para la alta jerarquía cubana.

Este repugnante hombre que siempre, esta tratando de hacer gracias, que no hacen reaccionar ni al cerebro de un cerdo a reír, y observar las caras con sonrisas fingidas, del grupo de bufones que tenían que hacer un gran esfuerzo, para deformar las facciones, de sus tez aun quemadas por el sol y emblanquecidas por el polvo del Ogaden. Se trataba de un grupo selecto y ya, ascendidos Generales, Coroneles, como A, A, L, V, D y muchos otros que habían sido invitados para que los felicitara el ministro, compartiendo una cena.

Siempre sentí repugnancia por R C, es algo que no puedo entender, desde que coleccione las postales del álbum de la revolución que cuando niño lo vendían, para ser llenado de todos los barbudos que así se llamaban los integrantes de las tropas rebeldes.

Este al bajar de la Sierra Maestra tenia una cola de caballo, así se le llamaba al pelo largo recogido hacia atrás y enrollado con una cinta, R C además poseía varias estampillas de santos y vírgenes de la religión católica pegadas a su camisa, el oírlo hablar, muestras su amaneramiento, y no sólo a mi me sucedía, a varias personas que me lo comentaban.

En realidad, la parte peligrosa de la guerra, ya había pasado y comenzaban, a llegar de Cuba a festejar, la victoria cubana en África, y de paso, darse un viajecito para conocer y vacacionar, ahora eran los días del Ministro como le decían sus subalternos. Pude notar la fría hipocresía de R C para con Ochoa, era como que le temía, que pudiera tomar una posición superior a la de el, ese tono de llamarle Negro a Ochoa sonaba mal, todos conversaban y Ochoa casi permanecía callado, un general valiente y considerado, mimado por F era realmente, altamente peligroso, los celos de R ya habían costado varias muertes, destierros y prisión. R visito, el Tate una unidad militar etiope llena de cubanos, aun recuerdo verlo con su arrogancia y forma de caminar forzando, su realidad amanerada. Siempre dio su discurso, a las tropas que habían logrado el triunfo de Cuba ante Somalia en el Ogaden, y la adulante manera de finalizar sus discursos, ¡viva F! yo detestaba estos discursos, cansones siempre pensaba, que en el fondo de todo esto existía una mentira, un interés malvado, todo lo que tenga que ver con política, lo detesto. En el mes de noviembre nació mi hijo M, era mi primer hijo, y fue una gran alegría para mi ya se encontraban en Etiopia, M G y Alejandro Ochoa la esposa del jefe y su hijo respectivamente. El grado de amistad y la sencillez de Ochoa me hizo hasta cuidar del niño junto con P el cocinero hasta el culero le cambiaba, lo bañaba, le dábamos los alimentos, cuando el jefe tenia necesidad de asistir a fiestas y actividades. Los meses pasaron y seguían las visitas de la cúpula cubana. Pero hubo una visita, que permaneció en la casa del jefe y que en su corta estancia, realmente me gusto y pude convencerme un poco mas, de la mentira cubana se trataba del escritor cubano R V V, un hombre alto, delgado maduro, muy educado, que decidió hacer un libro de la guerra de Etiopía, por lo que tuvo que permanecer en Etiopía y entrevistar y llevarse información, el conversaba horas con el jefe y yo estaba loco por conversar con el, no por que me entrevistara si no por saber que decía un escritor y un viejo comunista como el, cuales eran y son sus pensamientos. Una noche el jefe salio con RG, J L y Ríos y yo me quede, estando sentado en la sala de la casa y escuchando un cassett de Paúl Mouriat, este señor R V, se sentó conmigo en la sala y comenzó a preguntarme que creía de los autos LADA rusos, la pregunta cotidiana de los pobres obligados por el régimen, a no tener otra marca de auto, por que en Cuba, aunque seas un ilustre científico no puedes aspirar a ninguna otra marca de auto, los Mercedes Benz solo puede tenerlos el comandante, enseguida la retórica de todos los que venían ha hablar conmigo, que Ochoa le había dicho que yo era muy buen mecánico y que cuando regresara a Cuba se pondrían en contacto conmigo, para cualquier problema con el auto.

Esto me lo decían todos, pero era puro sueño, querían estos servicios gratis esta era la política, que el sistema obliga a los cubanos a realizar, por que en Cuba no existe el negocio privado y consideran esto como algo ilegal entonces aprovechándose de sus posiciones, todos estos dirigentes abusan del trabajo de los hombres, que piensan, que sirviéndolos, ellos le resolverán problemas, de empleos, vivienda y muchas otras necesidades de las que carece el pueblo cubano, otros, te quieren pagar con una rueda de cigarros, de las que en el comercio normal no venden, H U, P etc. o una botella de ron, en fin este es el habito de los grandes jefes del gobierno y sus secuaces, pero que conmigo no podía ser. Para mi fue importante, que tocara este punto, y lo añadiera en su libro, me servia de meritos para el objetivo que yo perseguía, un apartamento para vivir en Cuba.

A finales de 1979 en la Agencia de la Mercedes Benz, en Etiopía, y al yo tener que estar comprando, piezas, autos, y realizando los mantenimientos de los Mercedes de la embajada y de la misión, tuve que relacionarme con los Gerentes, en especial con el Alemán gerente principal, que hablaba español y que hicimos una buena amistad, a tal grado, que nos invitaba a comer en su residencia, a Ríos y a mí. Tuve otros amigos, en la misma agencia, el jefe de la parte técnica Adriano un Italo Etiope y un Italiano muy comico y alegre, Vittorio representante y jefe de ventas, en esta agencia. Esto para mi y en mi posición, era peligroso por que la relación con extranjeros, para los comunistas es un sacrilegio, de hecho le estaba prohibido a todos los cubanos, las relaciones con extranjeros, al punto que podían arrestarme por traición a la patria. Estos señores, al ver mis conocimientos en estos vehículos, y mi interés de desarrollo, me propusieron que me pasara a trabajar con ellos, que la Mercedes me hacia un contrato por 5 años, con una casa, allí en Addis, un auto y un salario bastante confortable, $ 7,000.00 Dollares mensuales y ocupar el puesto, de control de calidad y servicios. Esto para mi era algo duro, y de imposible decisión, abandonar mi esposa, mi hijo, recién nacido y al que ni conocía, mis padres, ya en una edad mayor, esto era algo difícil para un cubano con sentimientos y educado con el amor y el cariño familiar. Tampoco podía pensar en traer mi familia junto conmigo por que lo primero que haría el gobierno, si yo acepto esto es declararme traidor de la revolución, y mi familia quedaba retenida en Cuba de por vida. El temor, de que esto fuera una artimaña de la inteligencia militar cubana, como para probarme, o algo parecido, decidí informar a RG explicándole lo sucedido, y entregándole el contrato, que rechacé, también asistí a la oficina de la CIM Contra Inteligencia Militar, donde tomaron mi declaración y fue archivada en mi expediente, una carta felicitándome los jefes y la revolución por no vendérmele al Imperialismo y mantenerme firme con mis ideales.

R V V, tenia ya esa información de mi y supuestamente quería argumentarla, en su libro por lo que me pidió que accediera, le dije que si y comenzó a hacerme una serie de preguntas, de mi niñez, la procedencia de mi familia, una serie de preguntas personales que todo esto paraba en un cuéntame tu vida para ver si lo dejaban, incluirme en su libro.

En varias ocasiones conversamos en las noches, y en una conversación que sostuvimos, surgió el tema de F, y sus intervenciones políticas y militares, en el mundo, me asombro su comentario, cuando dijo que ya la seriedad del P. C. C. había decaído, una serie de errores, habían hecho que tomara un rumbo, del que ahora, el partido no podía dar marcha atrás, habían dejado que todas las decisiones las diera F, que aunque otros no estuvieran de acuerdo, se hacia lo que el quería, y quien podía, enfrentar a F, para decir u opinar, ninguno de los viejos comunistas ni B R, C R, M V y otros.

Algunos de ellos no apoyaban, las ideas de hacer guerras en otros países, sacrificando vidas humanas y recursos, que nosotros necesitábamos, como es posible que los recursos que nos da la URSS los utilice para poner a Cuba y a el en un pedestal ante el mundo.

El comentaba, que era un viejo comunista, que simpatizaba con las ideas, de independencia Conservador Liberal, Ortodoxo y otros, y tenia una claridad por que el me acentuaba que las sociedades y el mundo, iban cambiado, a la par del desarrollo, y que ya no se adaptaban a las ideas viejas y gastadas del Marxismo Leninismo. Una noche me comento que el aseguraba que el campo socialista desaparecería, y decía los hombres somos débiles a las comodidades, los adelantos y los recursos, del mundo moderno para disfrutar del desarrollo, todos estamos dispuestos, los sacrificios nadie los quiere y las guerras ya no son la solución, el poder armamentístico, esta tan desarrollado y es tan fuerte, que el mejor camino hacia la Paz es la diplomacia. La corrupción, que hoy existe de los mismos que divulgamos y apoyamos al comunismo, pidiendo por tantos años a los pueblos sacrificio, trabajo sin remuneración jamás lograran que ningún pueblo, por inculto que sea renuncie, al desarrollo. Los 50 años que tiene, implantado el comunismo en la URSS, mas la poca, aceptación de los pueblos, el lento avanzar, y las pocas esperanzas, sumado a la comparación de los países socialistas con los capitalistas, hacen de las ideas Marxistas, las que [menos le interesan al mundo]. Que Cuba se desarrolle, no necesariamente tiene que ser con el apoyo de los Estados Unidos, el desarrollo esta en nuestras manos, y los Rusos no son los afortunados. Todo esto me sorprendía, por que jamás pensé escuchar semejantes palabras pero, lo sorprendente, es que Ochoa estaba presente y con su cabeza gacha, y movimientos de aceptación, daba su comentario. El pobre V V, su primera caída, fue a dar a Viet Nam del Sur como embajador de Cuba. Su castigo por así decirlo, no fue por esta conversación [Aclaración importante] fue motivado por, poco a poco haber expresado sus ideas, a terceras personas que se encargaron de que un día llegaran ¡a los oídos de F! Realmente, la conversación me dejo con la boca abierta esa noche, la participación de Ochoa que pude escuchar, fue solo la frase que solía decir siempre de F [el viejo loco], quiere, llenar al mundo de socialismo. La confianza de hablar conmigo, me hacia feliz, pero mis ideas tenia por obligación que dejarlas en la gaveta o sea en mi cabeza, conversé varias veces con el y siempre, variados e interesantes temas, políticos y sociales, pero sin dar mi opinión, todas estas lecciones me fueron abriendo los ojos, y otras cosas que verán en la continuación del libro, me sirvieron para ver, la astucia de F C que desde aquellos años el sabia que a Cuba y al Pueblo Cubano, el no los podía ni complacer ni cumplirle las promesas con que logro su victoria, en 1959.

A comienzos del año 1979, Ochoa me mando a la agencia Mercedes a comprar una convertible Mercedes 450SL haciendo la pro forma de compra con una serie de extras y varias características especiales de estos autos. La cuña Mercedes, fue comprada y encargada a Alemania, con un costo de $79,500. La advertencia del jefe que siempre se dijera que era un regalo del gobierno Etiope, de Mengistu Haile Marian el presidente, pero Ochoa me decía que la compro para llevarla para Cuba. En esta época, llego a Addis un grupo de muchachas y jóvenes de una escuela de Ingles de Cuba para realizar estudios de Amárico idioma Etiope, comenzaba ya la estupidez de F creyéndose dueño de aquel país y soñando una salida económica para Cuba y así mantener el poder y la revolución, enviando infelices jóvenes a aprender un idioma inservible, con el objetivo de hacer negociaciones, y explotar el país. De este grupo de estudiantes salio un amor del jefe M . . ., una bella cubana, que aplaco los deseos sexuales del jefe, tenia 20 años y era incansable.

Cuando esto, nosotros vivíamos en la casa, #1 junto a la embajada donde se realizaron varias fiestas con estos estudiantes, al mermar, el peligro de atentado a la vida del jefe, consiguieron cambiarse para la casa, del americano, para tener mas privacidad, ya que había que limitar las fiestas por encontrarnos al costado de la embajada cubana en ese país.

La casa del Americano, como le decían por haber pertenecido, a un E. Unidence que huyo, del comunismo Etiope, y que fue ocupada por el gobierno Etiope, y en la que la tropa completa, vivíamos en la misma casa, Ríos y yo justo nos toco dormir, al lado del cuarto del jefe, escuchando los gritos de satisfacción sexual, de mi buena amiga. Realmente cuando aquello yo veía y pensaba, que el jefe era merecedor de todo lo que estaba aconteciendo, por sus logros en las guerras sus grados y condecoraciones por lo que no, le veía el mal a nada de estas cosas y seguro de que estas actividades era aprobadas, por el Comandante. La confianza depositada, en cada uno de los integrantes de la tropa, que tomo el nombre de "Tropa del Chivo", por una película que vimos sobre los chivos y sus rápidos movimientos y destreza, hizo de nosotros un grupo, Jefe y subordinados donde se destacaba, el respeto, la amistad, la colectividad, la hermandad y sobre todo, cubrirnos las espaldas, hasta con la muerte. Las fiestas, siguieron sucediendo, realizábamos viajes a los parques naturales como el Awash, Lago Langano, Rio Nilo Azul en fin me parecía bueno, viajamos el país completo de norte a sur y de este a oeste. Esta situación hacia que ya Mayda la esposa, no estuviera por mucho tiempo en este país, pero cuando estaba, teníamos, Ríos, o yo que rentarle hasta 4 veces en la semana una habitación en un hotel de Addis y recoger la joven llevarla al hotel, después buscar al jefe llevarlo, con la excusa a la esposa, que el estaba en una reunión. Todo esto se realizaba a espaldas de la CIM Contra Inteligencia Militar ocupada de la seguridad del jefe, aunque todo esto fue descubierto por la CIM tuve que ir varias veces, y fui sentado en el banquillo de los acusados por llevar al jefe a estas actividades, prácticamente sin seguridad. Esto me colocaba entre la espada y la pared cuando me preguntaban, ¿A dónde llevastes al jefe?, con quien andaba, eran preguntas diarias. Jamás tuvieron de mi parte información ninguna, siempre, mi respuesta era yo cumplo ordenes del jefe, deben preguntarle a el. Yo, le contaba al jefe todo esto que sucedía al igual que Ríos, por que, problemas no quería buscarme y menos de esta índole. Las fiestas eran cotidianas, y con mucho cuidado y privacidad, teníamos Ríos o yo que buscar la muchacha, todos los días después de las actividades de estudio, siempre se quedaba los fines de semana en la casa. Desayuno, Almuerzo, Cena, muchas veces teníamos que levantarnos a las 4 a.m. para buscar un puerco pequeño de unas 10 o 20 libras para ahogarlo, en aceite y freírlo, era el plato preferido del jefe, esto lo hacíamos muchas veces en el mes. La guerra había terminado, el dinero era por bolsas, los gastos, de dinero del cual se me fue retirado, el control y conteo, dada la confianza que ya habían depositado en mi y que el tiempo me había concedido. Yo solamente, sin contar lo que tomaban RG y Ríos, extraía en la semana 100,000 o 300,000 Bir para compras y gastos de bebidas, comida regalos etc. Desde luego, RG, Ríos, y yo comprábamos y usábamos este dinero también, en cosas personales, ropa, zapatos, alimentos, tanto para el consumo nuestro como para mi familia, yo me compre herramientas, Ríos y yo nos abastecimos de todas las piezas nuevas para las motos pintura, gomas etc., aquello comenzó a gustarnos a todos, recuerdo una frase del jodedor de Ríos, ¡a gozar que llegaron los reyes magos! En esta misma época compre, ordenado por el Jefe varios Mercedes Benz, un 450SEL que seria para llevarlo a Cuba, de regalo para, el comandante de la revolución JAB, también compre 2 Mercedes mas 280 S que uno seria para el General Jefe de la Misión Rusa o Soviética en Etiopia el General C.

Y el otro Mercedes seria para el protocolo de la misión, compre también 2 Mercedes 230E con el mismo propósito, pero uno se lo quedo el Coronel O jefe de estado mayor, para su uso en Addis un negro adulón del jefe con delirio de grandeza y burguesía.

La esposa, de este era una mulata de barrio, tratando de ocultar, su humilde procedencia detrás de un plastisismo, y un cambio de modales, adjunto a la voz que cuidando que no se le escapara, ninguna palabra obscena y afinando el acento gramatical, del español única lengua que expulsaban sus labios grandes, y tomando la actitud que asumen los seres humanos, la cual yo percibo con solo ver a las personas. Si este coronel, que les acabo de mencionar anteriormente, no hubiera visto a Ochoa con Mercedes, muchachitas, fiestas, jamás se hubiera atrevido a formar parte de estas atribuciones. Aprovechando el regreso de su esposa a Cuba, se busco una menor de edad de esta escuela de idioma, una pobre niña que buscaba imitar a las otras, y lograr comodidad, refugio y algún privilegio, daba pena y dolor ver a esa niña, cuando se abrazada y besada con este hombre, de aspecto sucio y de tez grasosa, al parecer no quedo ningún otro jefe blanco para echarle el ojo, capturo a un jefe el Coronel O. ¿Creen ustedes, que este coronel se hubiera atrevido a montarse en un Mercedes, violar a una alumna de la escuela de idioma, menor de edad? a quien culpamos. Quien rompe primero, la disciplina la moral y la supuesta vida de sacrificios, con la austeridad, que constantemente es tema de instrucción en Cuba, por el socialismo, la Filosofía Marxista y los ideales Comunistas es: F y otros altos jefes cubanos.

Una manera de que se entienda mejor mi exposición, F creo una pirámide de burguesía, desde el, que fue bajando a los Generales, Ministros, y altos dirigentes del Partido, Familiares, queridas y amigos, digamos los presidentes y primeras figuras de los países, que responden a un nivel de clase diplomático y de alta clase social, que tienen que vivir por obligación otra forma de vida, precisamente las que fueron criticadas y combatidas por la revolución y por el mismo F en su política socialista para cumplimiento del pueblo.

Así sucesivamente, se fue creando la diferencia de clases y posiciones sociales, que todo el que tenia algún poder, comenzó a robarse los recursos, desviándolos y enriqueciéndose viviendo, en inmensas casas construidas, antes de la revolución, y después disfrutando de todos los adelantos técnicos del mundo y los beneficios que proporciona el mundo capitalista, sumándose así a la tan criticada sociedad de consumo norteamericana, de esta forma se formo el desparpajo, que corrompió a la dictadura C, que lleva hoy 51 años, trayendo la tragedia y la destrucción que Cuba enfrenta. Hace unos días escribiendo mi libro, escuche unas noticias que el P C C, en secretas reuniones, les informo a sus militantes, que la revolución se había dado cuenta que el sistema ya no funcionaba y en otra reunión del poder popular hacia un llamado para rectificar los errores cometidos, como se puede catalogar esto, yo creo que Hitler se quedo <pequeño>

Como puede, un hombre que esta viendo, todas estas actividades de sus jefes, como puede controlar los deseos naturales de la vida, un hombre lleno de condecoraciones, con fama mundial, jugándose la vida, teniendo una vida desde los 14 años de edad, limitada, y llena de sacrificios, con mas de 8 o 10 heridas de balas, con 121 llagas en el cuerpo, con marcas que jamás se borraran, que puede sentir un hombre viendo a miles de dirigentes y oficiales que ocupan residencias, tienen empleadas domesticas, chóferes, autos, yates, viajes de recreo, si usted se pone en el lugar de ese hombre usted también quiere esta ultima forma de vivir.

Fue mi comentario en la introducción, del libro ni Ochoa ni nadie seguiría soportando los deseos, de este estilo de vida, no seguiría con los ojos vendados, escuchando las doctrinas inmunes, abusivas, y criminales de un hombre sin escrúpulos como F C, y quien menos cumple lo que tantos años ha promulgado, las ideas Marxistas, el socialismo, el comunismo.

Ochoa diría, perdón <se van a la mierda>. Ochoa, como A de la G, A P, y J M y muchos otros jefes y dirigentes de la revolución han sido, victimas de la descarada, e inmoral traición de F C.

Ya me parecía que la revolución, estaba tomando un camino diferente, un día el jefe me pidió que si había algún lugar donde vendieran, motor home, que le enseñara algunos modelos para comprar uno, así lo hice y a la semana siguiente ya estaba en la casa este se usaba para viajes de casería y placer, yo observaba esto y me daba cuenta de que jamás Ochoa había tenido juguetes cuando niño, la mas mínima nueva adquisición era de una complacencia espiritual que se desbordaba en su persona. No pude comprobar bien que sucedió, pero un temor lo empezó a preocupar, y me hizo cambiar el emblema de COLEMAN que tenia el motor home para ponerle VOLGA, esto significaba que la marca del motor home era de Estados Unidos y la otra que me hizo poner era Rusa, en Cuba la política de Fidel era que no se podían comprar ni adquirir ningún producto de los EU, esto lo llamaba desviación ideológica, semejante estupidez.

También, me ordeno comprar, un VW escarabajo, que lo pintara de color plata, le colocara un equipo bueno de música, rings de lujo en fin lo deje modernizado, este auto tenia en Cuba nombre y apellido, que después al no poder enviarlo me confesó que era para M— la amiga nuestra. Teníamos también, los dos jeep ranger utilizados en la guerra, mas otros 2 jeep Toyota Four Wheel Drive, ya no teníamos prácticamente donde tener los autos, muchos de ellos los llevábamos para otras casas, a guardarlos, también teníamos que lo recogimos, de la tropa del Coronel D el que entrenaba a la escolta de Menguisto, un LADA, y un Peugeot, que le pusimos la <PERRA, por que Pepe Ríos> siempre andaba en ella, este, auto era muy veloz por que tenia un motor especial. En junio de 1979 salí de vacaciones a Cuba, a conocer a mi hijo ya nacido. Salí de Addis a Luanda capital de Angola en un Boing 720 B a estos aviones le llamaron el ataúd volante, pero este calificativo no se lo daban por mal avión si no por la cantidad que habían en el mundo y que tenían accidentes. Tuvimos que volar a una altura de 31,000 pies pasando por arriba de Zaire, pues estos negros locos tumbaban cualquier avión que cruzara su espacio aéreo, ellos sabían que este avión traía tropas cubanas y era un buen manjar. Aterrizamos en Luanda, donde tomaríamos el IL 62 de fabricación rusa sin bandera ni color era totalmente blanco y especialmente acomodado para llevar el máximo de tropas y pacotilla, esto era la ropa, zapatos etc. que le llevaban los soldados a sus familiares, con los $161.00 birr que les daban al final de misión. Había que hacer una estancia, en Luanda Angola, los guardias normales se dirigían a Rosa Linda, un albergue dispuesto para los guardias de paso en este país. Cuando fui a subirme al ómnibus, sentí mi nombre y respondí rápidamente era un guardia, que me esperaba en un jeep, que me llevo a la casa del jefe de misión, que en aquella época era el coronel M, donde cene y repose, en un buen sofá hasta que el vuelo estuviera listo. Me sentía, tan importante como nunca en la vida, ni yo mismo podía creer lo que estaba aconteciendo con uno del montón, como yo. Pero, yo sabia que era el agradecimiento, de Ochoa hacia mi lealtad, amistad entregada en tan poco tiempo, por lo que decidí, sin mas tiempo que perder transformarme, y tomar, la posición de un hombre importante, y gallardo. Si recuerda, el comienzo del libro, se dará cuenta de lo que hablo, de la vida y la psicología, a todos nos gusta sentirse importante en algún momento. Yo llevaba, dos pares de espejuelos Zodiac que me los encargaron y, los mande a hacer, con una receta para el Comandante F C, en una óptica especial en el bulevar de Piazza en Addis, óptica Italiana que fabrica, solamente armaduras en oro, plata o platino, para exclusividades a artistas, millonarios y personas celebres, pues hacen las armaduras de la forma o estilo que usted quiera.

Los cristales era poli cromáticos y ajustados al uso que el cliente pida, las que pidió el comandante eran con un adorno de Carey en la parte superior de los lentes, pues esto hace una refracción a los rayos ultravioletas. Cada espejuelo costo $1,178 dólares, por ser de oro de 18 kilates. Por su puesto, junto con las del comandante salieron un par de estas mismas, para mi pobre, humilde y buen padre, y que no pertenecía a la cúpula del gobierno de F. Aun conservo, los recibos de pago, de estos espejuelos ya que no los podía entregar, por que yo mismo me delataría, eran dos para el jefe y yo compre tres, también conservo los espejuelos que pertenecieron a mi padre, que son la fiel copia de los que tuvo el comandante F. También, yo llevaba una caja sellada que contenía unas sopas especiales, que dentro tienen unas mazorcas de maíz pequeñitas, y que eran de los manjares mas preciados de F, tengo entendido que proceden de los árabes y son afrodisíacas, junto con esto un sobre amarillo, meticulosamente sellado con cera e hilo, con unas bolas redondas que se dejaban, detectar por su forma, pero no pude ver que era. Todo esto, lo estarían esperando en el aeropuerto en Cuba, un Coronel llamado N, también viaje, como custodio de la aeronave por lo que viaje en primera clase, junto con los oficiales y con mi arma. Este vuelo, tenia que hacer una escala de combustible en una isla árida y casi inhabitable llamada Cayo Sal en el pacifico, donde hacia combustible el avión, para después atravesar el inmenso Atlántico, con casi 9 horas de vuelo. Cuando llegue a Cuba, me esperaba mi esposa en el aeropuerto militar, ya que la habían recogido en mi casa y traído al aeropuerto para recibirme. La metodología que seguía, era haber ido primero a Loma Blanca, lugar donde eran chequeados todos los guardias y personal que venia de Angola o cualquier otro país, para el control de enfermedades, pero como yo era el chofer de Ochoa tenia el privilegio que salía directo a mi casa y después me hacían los análisis. Llegue bien delgado, había bajado de peso y lleno aun de las marcas de picaduras de pulgas, mi hijo con ya 7 meses de nacido, yo trataba de cargarlo y se resistía, le preguntaban quien era su papa y señalaba para una foto mía que estaba en un cuadro, comenzaba a pesarme mi decisión de haberme ido a Etiopia. Permanecí en Cuba 15 días, de vacaciones, y me hospede en el Hotel Nacional, que me lo resolvió, el [turismo de socio] por que ningún cubano puede, hospedarse en estos hoteles que son solo para extranjeros, pero entonces, un cocinero que conocí en Etiopia, que trabajaba en este hotel, me envió a ver a un amigo que, me ayudaría a conseguir una habitación y pasar una pequeña luna de miel.

Regrese a Etiopía, y al llegar habían mudado al jefe a la casa de la loma, donde ya habíamos estado anteriormente, M me espero en el aeropuerto de Addis, al llegar a la casa entre por la cocina después de dejar mis pertenencias, y el jefe me dice mi hijo, tu mama tuvo un accidente y se quemo una pierna, aquí tenemos un pasaje por si quieres regresar, le respondí que no, que si podía hacer una llamada y saber de ella se lo agradecería. Llame a mi casa supe de mi madre, no fue nada serio. Pero este gesto, del jefe me hizo sentir, como que valoraba a sus hombres, que sus sentimientos estaban presentes, no era lo mismo de otros jefes que yo había conocido, déspotas, inhumanos y ajenos a los problemas y dolores de sus hombres. Unas semanas después, F quiso, visitar Etiopia y se empezaron los preparativos que no eran tan fácil como yo pensaba, estuvimos trabajando con un grupo de oficiales que estaban subordinados al distinguido coronel D y sus secuaces matones y asesinos preparados y entrenados para, no tener ni compasión ni tregua con nadie, en esta especialidad el Coronel D fue uno de los mejores, había sido jefe de la escolta del Comandante F, y fue destituido, según fuentes por, problemas de corrupción y utilizar, el cargo para su bienestar personal, como acostumbran todos los dirigentes cubanos. Me prepare para el trabajo, a realizar y tuve que asistir un par de noches a la casa donde estaban estos señores que traía con el, le decían El Chino, un mulato alto y fuerte de aspecto tosco y bruto, cuando me presente ante el para cumplir mi trabajo me pregunto que arma yo tenia y le respondí una Makarof diciéndome que fuera a ver a un oficial, que me entregaría una Stechkin, de fabricación rusa automática de 20 tiros, por que era mas segura y a decir verdad esto no me gusto mucho. El primer día en la mañana, cuando, las tropas de seguridad, y la Contra Inteligencia, dieron la autorización de salida, de la caravana de F para efectuar la visita oficial por las calles de Addis, cuando fui a buscar mi posición había un cambio de mi trabajo imprevisto, porque el presidente se había molestado, al ver que no dejarían que su chofer le condujera al comandante, ya que me habían asignado para esta labor pero yo me entere allí y en ese momento, en este momento, me sentí incomodo pensé en muchas cosas que me hacían sentir mal, pero después lo tome con calma ya que supe, por el propio jefe de escolta, que era cierto lo sucedido con el Presidente Menguistu, que había tenido que realizar, unos cambios en el esquema de seguridad tremendos, todo estaba hecho bajo el control de yo guiar el auto, al cambiar el chofer del presidente no estaba calculado por ellos y el idioma del chofer, les podría traer inconvenientes. Me fui, guiando el jeep verde en el cierre de la caravana con M. Estuvimos como 3 o 4 días, participe en la seguridad del palacio donde el comandante Fidel, realizo la fiesta a los médicos cubanos, y donde el se albergaba, acompañaban al comandante, el comandante A, RC secretario del Partido comunista en Camaguey, jefe de colaboración en Etiopia, todos los Generales Cubanos, oficiales y los Embajadores de diferentes países con el presidente Menguisto y otros oficiales y dirigentes etiope. El jefe de escolta, nos tomo a Ríos y a mi junto con el para cuidar la entrada principal, ya que conocíamos a muchos de los que asistirían, tuve un momento que me sorprendió y fue, cuando entro por la puerta un árabe, con turbante, y su negra barba, estilo de diplomático, pero con un bastón, el Chino sin la mas mínima cortesía ni diplomacia, le arrebato el bastón al árabe que casi el hombre cae al piso, nos dio risas, el hombre quedo paralizado, este le reviso el bastón minuciosamente y no tenia nada anormal, se lo entrego al hombre, y llamo por los radios, detallo al árabe y ordeno máxima vigilancia para el. Estos hombres, no tenían el mas mínimo estilo, ni modales diplomáticos eran ¡Gorilas! como Ochoa solía decirles, eran robots programados para defender la vida del comandante a toda costa, sin la mas mínima consideración, niños, jóvenes, ancianos nada podía permitirse frente a el, las manos de todos a 100 metros a su alrededor abajo, un solo brazo alzado con un artefacto ya sea paraguas bastón puede morir o ser atropellado sin escrúpulos, era la orden que me habían dado las dos veces que estuve en la casa, de la KGB, como le decíamos a los personajes, de tropas que me entrenaron. Esta oportunidad que me dio la vida, me hicieron abrir los ojos ante las mentiras de la pureza y el amor que debían ser entregados a la patria y al socialismo, fue aceptable en mi visión adoctrinada, desde la escuela primaria, que la justicia e igualdad de la revolución eran mentiras no me quedaban dudas. El derroche, de comidas bebidas que fueron botados en la fiesta a los médicos y personal de la salud, sobraba para repartirla entre todos los vagabundos que rodean las calles de Addis Abeba. La reserva, del comandante, para viajar, los regalos y presentes, y otros artículos para si tiene que permanecer en algún lugar por días por problemas de seguridad, fue dejada, por la escolta y nos fue entregada a nosotros, al marcharse. Latas de alimentos, cigarros, tabacos, bebidas, medicamentos, era algo increíble solamente yo, obtuve 20 o 30 ruedas de cigarros Partagas en fin, calcule unos $50,000 Dollares, que se derrocharon, los cuales pararon en las maletas de todos nosotros. Siempre, que observaba estas cosas sentia como que se desgarraba mi piel y dentro de mi un odio total, horas y mi tiempo invertido en escuchar la Filosofía Marxista, en creer y amar a la revolución y a Fidel. Lo difícil y trágico de esto para mi, es haber vivido el capitalismo que existió en mi patria al yo crecer, ver y conocer que significaba la democracia, y el desarrollo que tenia mi país, la cual conservo en mi memoria, como si aun estuviera presente, y de la que cuando hablo casi mis lagrimas inundan mis ojos. Mis padres, eran pobres pero en mi casa nunca falto un plato de comida, nunca se dejo de celebrar una navidad, ni un fin de año, todo se hacia con mas o con menos, pero se hacia. Este sistema me cambio estas ideas, me cambio mi educación, al querer que mis, pensamiento estuvieran basado en la igualdad, y en compartir mis bienes con los menos afortunados, por que supuestamente, todos deberían disfrutar por igual, la pobreza no existiría, la salud y la atención medica seria para todos, siempre tendríamos acceso por igual a todas las riquezas en nuestro país, y hasta el dinero desaparecería, por que los bienes, estarían al alcance de todos. Pero lo que yo estaba viendo, en estos lugares a los jefes, a los dirigentes y su forma de vida, no era lo que ellos querían que todos hicieran, ellos mismos me estaban dando la oportunidad de palpar la maldad y el descaro de estos farsantes comunistas, como despilfarraban el dinero y los recursos que el pueblo producía, y del que carecía, hasta de las mas mínimas necesidades para vivir. Además, de que ninguno de ellos producía nada, no aportaban nada a la economía del país, esta oportunidad de ver como se roban los recursos del gobierno para sus gastos personales y beneficios, sumar los autos que se compran para los ricachones comunistas, que tanto proclaman y piden, al pueblo austeridad, económica, sacrificios, trabajos voluntarios sin remuneración económica, para levantar la economía del país.

Yo por ejemplo participe desde 1965 en las escuelas al campo donde si no asistías, eras marcado como apático al gobierno, y de lo que dependía, la aceptación para los estudios, superiores, razón por la cual no termine mis estudios universitarios.

Días después, el jefe me comenta sobre la salida, de los autos, a JIBOUTI en Eritrea para mandarlos para Cuba, y que me llevarían para que desarmara un avión de combate T 33, utilizado en la guerra, y que seria puesto en un museo, me hablo también de los preparativos, para ir a donde yo estaba loco por visitar Eritrea. Teníamos que hacer, de observadores en la toma de KEREN una ciudad de Eritrea, que seria tomada por el ejercito Etiope y que no participarían las tropas cubanas por tratarse de una guerra civil o sea entre Etíopes dos días después, nos dirigimos en los jeep, al aeropuerto militar en Addis y los montamos en un avión, AN 24 de fabricación rusa especializado en transporte de tanques de guerra y tropas. Cuando llegamos al aeropuerto de Asmara, había una actividad de combate inprecionante, donde pude ver la valentía de los pilotos Etíopes, realmente hacían unas peligrosa maniobras de vuelo en misiones muy riesgosas e impresionantes.

El jefe, RG y A. el nuevo traductor, por que JL, había terminado su misión y regreso a Cuba, todos ellos salieron con el General Ch jefe de la mision Rusa, en un MIG 8 helicoptero, de fabricación rusa para hacer un reconocimiento aereo de la situación en el frente. M, Rios y yo nos quedamos en el aeropuerto, y nos incorporamos, a bajar los muertos y heridos, que traían en los aviones y helicópteros, del frente de batalla, para ser trasladados a hospitales. En aquella dura participación de ayuda que comenzamos a dar, entre cientos de heridos y muertos, pude ver un soldado Etiope con un disparo en la nariz, que ya no tenia, sangrando y sin aun tener asistencia medica, era impresionante el valor de ellos, también me impresiono, grandemente la actividad de los pilotos, que antes mencione, volando al frente de batalla, a descargar los cohetes y bombas, esto lo realizaban, solo 2 pilotos con 4 MIG 21 aviones de combate rusos, ellos llevaban 9 horas volando sin descanso, salían al frente descargaban su mortal contenido, y regresaban al regresar ya tenían otro avión equipado y serviciado, bebían un litro de leche o agua y volvían a salir, el valor y la resistencia de estos hombres, eran merecedores de valorarlos como héroes, los Etiope eran considerados unos de los mejores pilotos del mundo.

El jefe regreso y fuimos a hospedarnos a un hotel en Asmara el hotel Imperial, teníamos una habitación para cada 2 personas, como siempre me toco compartir con

Ríos, ese día después de asearnos, M y yo bajamos al restaurante, y estando sentados, con unos suculentos bistec de res, comenzó desde la calle y atravesando los cristales del restaurante, una balacera que destruyo casi totalmente el local, M y yo nos tiramos al piso con arma en mano, comenzamos a disparar para la calle, que se observaba desde nuestro punto, nos arrastramos por los pisos hasta, encontrar las escaleras de incendio y, subimos a las habitaciones, contando lo sucedido, la idea de R era la de irnos de este lugar, pero el jefe se negó, alegando que nadie regresa por segunda vez, donde le repostan el ataque, realmente tenia tremendo sentido, por lo que decididieron, que nos acostáramos a dormir. Al día siguiente nos enteramos que eran grupos, de Tigriñas, que se encontraban haciendo fechorías para atemorizar a los Etiope y que los Tigriñas sabían, que habían cubanos en esa zona, los Etiope ya habían enviado, un pelotón de guardias para custodiar el hotel, al saber que el Jefe se encontraba en el. Ese día cuando desayunábamos, RG encontró una revista de Next Week donde había un comentario que Ochoa y sus tropas, se encontraban al norte de Etiopia, realizando actividades militares y de reconocimiento.

Después de desayunar, salimos para el frente de combate, donde el jefe se encontraría con el coronel etiope Teesfai, salimos con nuestros jeep bien equipados, llegamos a un entronque de dos caminos de terraplén, separados por una pequeña elevación arenosa y donde se encontraban tropas de retaguardia etiope y, por donde llegaríamos a la línea de combate, a las afuera de Karen. Al llegar se encontraba, esperando el coronel etiope, quien converso con el jefe, y le dijo que lo siguiera con sus jeep, que la vía derecha del camino se encontraba, zarpada o sea la habían limpiado de minas, y de posibles emboscadas. El jefe, se quedo como pensando, ordeno a Ríos buscarle un parqueo al jeep #2, y se subió en el jeep #1, donde todos subimos, no me ordeno moverme, siempre la orden de salida la daba el, yo ya conocía hasta sus reacciones y gestos, se viro hacia detrás del jeep, y dirigiéndose a todos dijo: El camino zarpado es el derecho, respondimos todos positivamente, por donde fue Tesfai, yo voy por el otro que no esta zarpado, el que no quiera ir, sin compromiso ninguno, puede quedarse y lo recogemos a la vuelta y ¡queda aquí entre nosotros! Todos nos quedamos callados, nos miramos, nos estudiamos los rostros, pasaron unos segundos y el jefe me miro diciéndome, ajusta la velocidad a 90 Km. por hora, no te preocupes si me doy en la cabeza con el techo, el jefe siempre le sucedía esto por sus 6 algo de estatura, cumplí su orden y quizás me excedí en la velocidad, era increíble las escenas que se veían en un tramo de 3 Km., camiones volcados llenos de tropas, destruidos, quemados, hombres calcinados, era una masacre que solo verlo, es como podría creerse, el jefe ordeno detenernos para que viéramos un cráter abierto por una mina antitanque, verlo es como solamente lo cree. Al llegar al frente, donde combatían y donde el jefe se encontraría con el coronel Etiope, nos dejo paralizados, la noticia que el coronel etiope el que nos dijo que lo siguiéramos y que tomo el camino zarpado, callo en una mina y murieron todos, nos miramos entre todos y Ríos, que en los momentos mas horribles nos hacia reír, y en baja voz, dijo [jefe, brujo, espiritista] quiso decir que el jefe a través de su vista de águila vidente había detectado el destino que nos esperaba, y nos salvo la vida a todos. Comenzamos a reírnos con disimulo y como siempre y con mucha discreción, nos tomamos un trago, brindando por nuestro nacimiento. Fuimos caminando hasta un mirador de observación bajo disparos de BM 21, los cañones 120mm y los obuses de las tropas Etíopes contra las trincheras, de los Eritreos, ellos habían estado luchando por años en aquellos terrenos, y estuvimos observando, que las trincheras de los Eritreos asombraron al jefe por lo bien hechas, que estaban la construcción de cuevas subterráneas y túneles que hacían para escapar sin ser descubierto y para sorprender al enemigo en su avance. Eritrea es un país con mucha experiencia en guerra por la ocupación extranjera en su territorio de Italia, Alemania, Francia, El Reino Unido etc.

Regresamos, a Addis y estuvimos unos días con el trabajo diario. Una noche, antes de irnos para Assab, sostuvimos una conversación, al tener que sacar, una serie de documentos para embarcar los autos, y todo lo que enviaban para Cuba en el barco, que el no sabia quien estaba en el medio de todo, pero alguien le estaba cerrando el camino para que yo, envié la convertible Mercedes a Cuba. Comenzamos hablando de la burocracia en Cuba, de cómo en todas las ramas económicas del país, se había introducido una mano de vías y tropiezos que el no entendía, y que las veía ridículas. Desde cuando estamos esperando la autorización para subir todos los encargos y regalos para el comandante que tienen que llevarse. La vida que tuve en la infancia, la pobreza, los muchos que éramos de familia y que no tuvimos estudios, ni nada en mi infancia, me llevaron a desde los 14 años, ir a luchar en la Sierra Maestra, para que una serie de pendejos, se pongan ahora a vigilarme y contabilizar lo que yo gasto, compro, o hago. Esta gente de la aduana de Cuba tu sabes quienes son, los descarados del MININT oye desde el retiro de portar armas, al ejercito, lo cual yo nunca apoye, han creado una diferencia, entre el MININT, la Policía y nosotros, que nos hace sentir menos que ellos, y ellos mas que nosotros. En realidad, los que hacemos mas por la patria somos nosotros, ese privilegio de poder y ese espíritu de grandeza que tienen el Furry, los Abrantes y el chivo asesino [se refirió a Ramiro Valdés], los verdaderos luchadores para las conquistas de la revolución, han sido las FAR y somos los menos beneficiados, y aun seguimos, sacrificándonos. Te acuerdas, lo que me dijiste que decían de los dirigentes cubanos y de los oficiales y jefes, yo le había dicho en una conversación que el pueblo criticaba, a los dirigentes que tenían buenas casas que tenían queridas y les daban casas y autos los hijos, viven disfrutando, con buenas ropas, en los mejores centros de turismo donde los cubanos, del pueblo no pueden entrar, todos tienen mucho. Ahora me mandaron un cable, que en el próximo vuelo me mandan al hijo de un dirigente, al que no quiero mencionar, que atropello a una mujer embarazada y la mato, el fue el culpable, andaba borracho y la familia de la muerta, lo quieren matar, me lo van mandar para acá, para no meterlo en prisión, yo lo voy a mandar para Jijiga en la unidad de las TSA se acuerdan, que lo pongan a limpiar las letrinas. Cuando yo escuche esto que no fue lo que me inculcaban en sus discursos, en las largas horas que perdí instruyéndome sobre la moral revolucionaria la dignidad, honestidad y respeto y que tanto difundió la revolución, me cayo un balde de agua fría que injusticia.

Ochoa en esta época, tenia aun sus ideas, y todavía no estaba en el desparpajo grande ni se había corrompido al nivel de otros oficiales, el tenia una visión diferente, yo lo detectaba, por estos casos que el no los veía bien se indignaba, después del triunfo de la revolución, Ochoa estuvo poco tiempo en Cuba, lo enviaron a la URSS, a estudiar en la Borochilof, academia militar de alta categoría. Después, anduvo por África central, en Venezuela y otras misiones, el no estuvo a tiempo, para la repartición que el MINFAR Ministerio de las Fuerzas Armadas Revolucionarias de Cuba, realizo a su alto mando, y oficiales después del cambio de la nomenclatura, los cargos y las graduaciones de sus oficiales, por lo que logro alcanzar solo una casa, la que le dieron, cuando su primer matrimonio, y que tuvo que dejar para sus hijas J y D, cuando se divorcio de su primer matrimonio, después Ochoa se volvió a casar con M G, la madre de Alejandro su hijo, y estando en Etiopia, le asignaron una casa que era medio básico del MINFAR, que fue restaurada, una casa de dos plantas en la misma calle 24 y Tulipán, en Nuevo Vedado frente a la casa de sus suegros, y donde aun vive su ultima esposa M, una zona que se considera especial por vivir dirigentes y oficiales de las FAR y el MININT.

En estas zonas o barrios designados para los dirigentes, a los cuales tenían que tener separados del pueblo, por que tenían un estilo de vida, que el pueblo no debería ver, y por lo que no podían estar mezclados, ni vivir cerca de ellos, el gobierno y los órganos de seguridad escogían estos lugares del Vedado, Miramar, partes del municipio Playa, para que nunca, vieran ni supieran de sus privilegios, y de la tremenda diferencia, de vida, en estas zonas tampoco realizaban los largos apagones de electricidad, no faltaba el agua corriente en fin nada que ver con los esclavos del pueblo. Para mi, a pesar de que Ochoa era, incondicional con el comandante, F muchas cosas lo tenían un poco disgustado, era obvio la diferencia de un oficial de las FAR a uno del MININT, era notable que Abrantes, Abelardo Colome, Pascual Martines, Gallego Franco, Antonio de La guardia, Patricio de La Guardia, Amado Padron, Rolando Castaneda, todos estos gozaban de mejores privilegios, por lo que era motivo de critica de estos oficiales por parte de el. Yo notaba, que el jefe no queria mucho contacto amistoso con oficiales, ni altos dirigentes, el era como mas de la gente comun, le gustaba el cubaneo, la sinceridad natural de los de a pie como decimos en Cuba, de hecho muchas veces, y cuando ya no trabajábamos juntos, se aparecía, en mi casa a almorzar, o a conversar, si no se iba a la casa de Ríos, también a la casa de RB, un antiguo chofer de el cuando estaba en el ejercito occidental. En estos tiempos, Ochoa me comentaba, sobre el cansancio que ya sentía de su trabajo, no por que sintiera miedo, sino por que el no había podido hacer nunca vida familiar como yo, el no tenia ese calor familiar, el me comentaba a veces, estoy sin ver a mama meses y a mis hijos también, créeme yo envidio esto que tu tienes una linda familia. Ya las responsabilidades, de las que se sintió frustrado en varias ocasiones, lo hacían sentirse en un marco cerrado, me comentaba, mi vida se me ha hecho una obligación, sin descanso, no es menos cierto el agradecimiento, para con el jefe, [Fidel] pero todo tiene un fin, ahora tengo que seguir para otra misión, de la que le habían informado, se refería a Angola, su ultima misión antes de fusilarlo. El había regresado de Nicaragua, aunque yo no fui a la misión, tuve que ir, a Nicaragua, por una semana porque, el tenia un jeep Toyota Land Cruiser, que había tenido un accidente y quiso que fuera, a pintarlo, por tratarse de una pintura con adornos en diferentes colores y calcomanías especiales que se habían dañado.

Este jeep fue cambiado, por la Mercedes 450 SL que trajo Ochoa de Etiopia a Cuba, al comandante Daniel Ortega presidente de Nicaragua, para utilizarla en su escolta personal, el jeep fue llevado a Cuba para el uso de Ochoa, esto sucedió en los años 1986 u 87, cuando ya en Cuba habían dejado de perseguirse y criticar, el tener un auto costoso, los dirigentes, y alto mando del gobierno.

<Llevando los autos y regalos hacia el barco en Djibuty en el puerto de Assab:>

Salimos, un día en la mañana en la Mercedes 450 SL la convertible del jefe, yo iba de copiloto con Ochoa, Ríos conducía el Mercedes 450 SEL que se le llevaba al comandante Almeida, M conducía el Mercedes azul, del jefe, R y A, venían en uno de los Mercedes 280 S que eran para el protocolo de la misión en el que regresaríamos a Addis, teníamos que subir al barco, todos los encargos que saldrían para Cuba. En este barco, también se transportarían unas cargas secretas unos [colmillos de elefante], que supuestamente, eran un regalo para el comandante F, de Menguistu H Marian. Pasamos, varios días en Assab, nos hospedamos en una casa de visita para los cubanos donde el responsable era un cubano jodedor, que siempre estaba en jaranas y juegos. El nos hablaba, sobre los chivos y vacas en esta zona, decía que eran blindados por que comían cartón, tela, papeles era tan árido aquello que no salía yerba, ni ningún tipo de planta, los perros tomaban agua salada, en la orilla del mar yo fui testigo, entraban por las orillas de la costa, para cazar pescados y comérselos, el calor es tan fuerte, que el aire acondicionado casi no hacia cambios por debajo de 40 grados centígrados de calor, los pobladores andaban casi desnudos, las tormentas de arena eran horribles, estábamos en el mar rojo y habíamos cruzado el Valle de la Sal una zona, que el agua del mar se va secando y evaporando quedando como un suelo, de sal pura. Estando nosotros en este lugar, avisaron al jefe de la muerte de un chofer cubano, que no hizo caso a las advertencias y señales que están, en la carretera que cruzan el valle de la sal, el cual esta prohibido cruzarlo después de las 11am hasta las 5pm, por las altas temperaturas que alcanza esta zona, mas de 50 grados, fuimos a verlo a el hospital, y en su pecho había un color azuloso oscuro mezclado con rojo, del derrame dentro de su pecho, lo encontraron muerto encima del volante del camión IFA alemán que conducía hacia Addis Abbeba arrimado a la orilla de la carretera.

Uno de estos días de espera por el barco, subió el jefe a su cuña Mercedes, me pidió que lo acompañara, y fuimos hasta la playa de Assab a bañarnos por el camino el jefe me comenta no se que voy a hacer con este carro en Cuba tu sabes, cuando yo vaya para el MINFAR y pase por las paradas de ómnibus llenas de gente, cuando me miren que hago, tampoco lo quiero llevar a ningún taller allá en Cuba, así que cómprame filtros, aceites, líquidos, piezas que se puedan dañar, unas gomas nuevas de repuesto, y las mandamos en el barco siguiente junto con el avión, del museo. Realmente, sus palabras me parecieron como capciosas yo me preguntaba porque me decía esto a mi primero, la insistencia de convencerme sobre la procedencia de el auto a principios y ahora estas palabras, no me gustaron no me parecieron leales ni que tuviera realmente, necesidad de hacérmelas, yo no podía explicarlo, era la pregunta, que me hacia diariamente, el conocía ya mi forma de pensar, en cuanto a los corruptos dirigentes cubanos, el me había escuchado decir de mi propia boca miles de inconformidades, con la revolución, yo tenia la certeza de que el me veía como un hombre neutral, que esto en Cuba era una posición anti revolucionaria, pero a el solo le importaban, mis servicios de mecánico para sus autos, la amistad y nada mas, una amistad que siempre yo considere, temporal por los niveles sociales tan distintos a que pertenecemos, siempre estuve bien claro con esto, por ese granito de arena que me quedo en un ojo, un día sentado en el portal de la casa donde nos hospedábamos esperando el barco, me senté y le dije claramente, mi inquietud. Su respuesta fue tan sincera, que solo pude estrecharle la mano, y pedirle disculpas, me dijo: Me demostraste respeto no temor, si te hubiera visto temeroso o dudoso pensaría que algo no favorable a esto lo tenias en tu cabeza, comprobé una vez mas que me eres fiel e incondicional, si cuando yo te pongo en el plano de que te tenia desconfianza tu me reprochas, es que tienes miedo, si te pones a contradecirme, en un plano de defensa puedes ser un traidor, que te preocupa perder la confianza que te he dado, para después joderme, lo mejor que hiciste fue callarte, pensar y hoy preguntarme, Gracias, yo mismo te dije un día es mejor quedarse callado que hablar de mas.

Me parecía como que el, tenia duda de enviar este auto para Cuba, le veía en su rostro que temía que algo sucediera, o que el mismo no podía creer el regalo de Reyes Magos que se llevaba, parecía un niño, con su mas preciado juguete.

Quien en Cuba de los miembros del Partido del comité central del poder popular puede cuestionar, los gastos que hacen para, la buena vida que se da el Comandante en Jefe Fidel Castro, posee mas de 15 o 20 casas en toda la isla de Cuba, dotadas con las mayores comodidades, 6 autos Mercedes blindados, con las mas avanzadas técnicas, hasta sus uniformes no pueden ser nada mas que de una tela china, especial con su abrigo blindado, y adaptado térmicamente a su cuerpo, Yates de placer con todo el lujo concebido, equipos de buceo, trajes térmicos, avios de pesca, vaquerías especiales para criar búfalos, "regalados" hasta, por un Norte Americano, para su consumo de leche y yogurt, sus hijos familiares, y una buena cantidad de súbditos y seguidores todos, acomodados en buenas casas, buenos empleos y recibiendo alimentación especial, todo el personal de servicios, escoltas, son tratados y favorecidos, con una gran inteligencia y confort para que no exista en ellos inconformidad, preocupaciones, ni escasez, todo este grupo selecto asisten al hospital del Cimex creado especialmente para la alta dirigencia del gobierno equipado con todos los adelantos técnicos de la medicina mundial, sin comparación con el personal medico, las instalaciones y los equipos, que posee el país para dar servicio a la población. Todos los jefes, por debajo de F C también quieren estos beneficios y lujos y ha habido, muchos valientes que se han lanzado a copiar su estilo de vida, pero al final han caído en la trampa tendida por el mismo a todo aquel que se atreva a ser superior a el ni así se haya sacrificado en la mas alta y heroica misión.

Citare un ejemplo de lo que hable sobre los subalternos de F C, en una de las tres lomas, que conducen al bosque de la Habana, en una de las esquinas de este reparto de la alta dirigencia cubana, vivía, el Vice Ministro del azúcar L de C, a quien yo le reparaba sus automóviles, en la otra esquina, vivía el secretario de F C el señor Chomí este señor recibía todas las semanas en su casa, un camión que le abastecía de alimentos verduras, bebidas, carnes, etc. Además, tenia unas chivas que las pastoreaba, por el barrio aristocrático un señor mayor, con quien converse en varias ocasiones, y que me contaba que Chomí padecía de una enfermedad que la leche de chiva le asentaba muy bien. Como se puede entender, que los niños en Cuba a los 7 años, no les venden leche, no hay carne de res ni pollo, ni cientos de alimentos necesarios, y que estos descarados, tengan servicios especiales de abastecimiento, por solo ser de la cúpula gobernante, cuando un pueblo entero carece de lo mas mínimo para alimentarse. Es por esto que ellos seleccionan los repartos alejados de la población, apartando al pueblo de la realidad, criminal y sin escrúpulos. Ahora, por ejemplo, este vice ministro, ya fallecido que la casa donde vivía se la entrego el gobierno, en la actualidad la familia y su esposa la utilizan para alquiler a extranjeros y lo cobran en dollares, las viudas de dirigentes, mártires y las divorciadas, todos rentan en dollares las casas, que le arrebataron a sus dueños cuando la <invasión Castrista>.

Un estilo diplomatico, educado y romantico de Robar de F C:

Los que producen, y llevan dollares al país, como los diplomáticos cubanos, los deportistas, los artistas y personas de la cultura, los empresarios de los distintos ministerios, los comerciantes y vendedores que son asalariados en el extranjero, o premiados, son obligados a entregar un alto porcentaje de las ganancias de sus sueldos, premios o negocios que hagan en el extranjero, la explotación que Castro le hace a todas estas personas, con las sucias excusas, que ellos recibieron estos estudios gracias a la revolución, y que habían sido gratuitos, y por lo que tenían que pagar por estos, pero es por toda la vida nunca les pone un limite de pago. "Donde están los estudios gratuitos, que tanto vocifera Fidel en sus cansones, y demagogos discursos. Otra de estas excusas es que la revolución necesita reconstruir el país, habilitar las compañías, restaurar los teatros y cinemas todo lo que tuviera que ver con cultura, se lo cobraba a los artistas y músicos, en los 52 años casi todos los teatros y cines de La Habana están cerrados y convertidos muchos en escombros.

Fui mecánico, de varios bailarines del Ballet Nacional de Cuba, y fui testigo de que, todos los premios y pagos que les hacían, de sus contratos personales, que podían ser de miles de Dollares como en el caso de las primeras figuras del ballet nacional Jorge Esquibel, Lázaro Carreño y otros y que solo les dejaban un ínfimo por ciento para gastos de alimentos y ropas.

Con absoluta decisión y sin temor me creo en el derecho de poder decir desde el exilio y manteniéndome en silencio durante años Fidel Castro, tu si eres un MAFIOSO.

En los años 65 que crearon la UMAP, prisión convenida, por la revolución para castigar con trabajo en el campo a los jóvenes, que se desviaban ideológicamente por escuchar un simple disco de, Los Beatlles, Rolling Stones, y otros grupos de los Estados Unidos u otros países, los encarcelaban, por ser homosexual, por tener el pelo largo, por reunirse compartiendo sus ideas sin violencia y con disciplina, estos eran acusados por el gobierno como antisociales contrarrevolucionarios, en ocasiones hasta por vestirse a la moda.

Silvio Rodrigues, Pablo Milanes, Zara Gonzáles y muchos mas, estuvieron en estos campos de concentración, por estas mismas causas, ellos se vieron obligados y tuvieron que comenzar a cantar, y crear cantos alegóricos a la revolución, a los mártires y al sistema socialista, para mantenerse en su profesión, de lo contrario perdían sus posiciones de cantantes, tanto dentro como fuera del país. Los músicos que no tomaron los caminos de la nueva trova o los artistas que no se integraron a las filas del partido son hoy fracasados artistas, no existe para ellos la fama, la riqueza, nada de lo que disfruta un artista en el mundo, viven envueltos en una mentira que los tortura, y terminan en el exilio, o en otros países buscando alcanzar el triunfo que casi siempre no logran.

Fui mecánico, de los autos de Rosita Fornes, Consuelo Vidal, Enrique Arredondo, Alicia Alonso, Maria Elena Llorente, Mirta Pla, Josefina Méndez, Francisco Salgado, Alina Fernández, Lázaro Carreño, Jorge Esquivel, José Manuel Carreño, Amparo Brito, Chucho Valdés, Oscar Valdés, Carlos Averhof, y muchos mas, escuche durante años los comentarios al respecto de todos ellos.

Otros profesionales en Cuba que estan bajo el control del gobierno son los medicos y científicos viven en condiciones, de pobresa total sin comodidades, sin autos, tomando buses o bicicletas, sus salarios y condiciones de trabajo son pesimas, después de su graduación como en el caso de los musicos y artistas tienen que trabajar para el regimen en el pais o lugar que se le asigne, este es el caso actual de los medicos cubanos en

Venezuela enviados a servir gratuitamente al gobierno de Chavez, bajo la sucia mentira de que sirven a la causa del socialismo y la Revolucion Bolivariana, los medicos cubanos en este pais viven amenazados por la delincuencia Venezolana donde les aconsejan los mas viejos a los nuevos que ingresan a este pais que mantengan 20 o 30 bolivares en la mano para cuando vengan a asaltarlos le den este dinero a los delincuentes y no los asesinen. Esto es lo que Castro a hecho de Cuba y su pueblo, es una muestra mas para que el mundo sepa la realidad y la verdad del pueblo cubano, el por que de las deserciones desesperadas en busca de libertad.

Ochoa, antes de estar en Angola y unirse al grupo de los millonarios cubanos y los grandes comerciantes de la empresa MC, me comento en muchas ocaciones sobre los privilegios y consideraciones que tenian los jefes del MININT, y menciono nombres de algunos de estos muy conocidos, Abelardo Colome Ibarra "Furry," José Abrantes, Antonio de La Guardia, Patricio de La Guardia, El Gallego Franco Jefe de las prisiones, Pascual Martines Gil, Amado Padrón. Cuando el comentaba sobre esto, yo me quedaba pensando por que ya había tenido la oportunidad de palpar muy de cerca esta diferencia que el no se imaginaba. Tuve estrecha amistad con un oficial del MININT, que trabajaba en MC, Moneda Convertible la oficina internacional creada por Fidel Castro, y el General José Abrantes supuestamente, para romper el bloqueo Yanki, en esta oficina trabajaba un Teniente Coronel R C, "El Gorila veía su vida personal su familia el modo y sus costumbres y como manejaban estos señores el dinero, Dólares para su uso personal, la escasez en Cuba de alimentos medicinas y artículos de primera necesidad son controlados y distribuidos por el régimen hace mas de 50 años, yo tuve que soportar que este señor al llegar a su casa me pidiera que le sacara un paquete que se le había quedado en el auto y que era la comida de sus perros dos Buldog, cuando recibí estos paquetes se trataban de 4 bolas de carne de res, y al dárselas me dijo viste mis perros comen mejor que tus hijos, yo tuve que echarme a reír por que lo que el no sabia es que a mis hijos nunca les falto nada, gracias al trabajo limpio y duro que siempre realice."

Nadie es capaz de entender el dolor y la impotencia de no poder contestarle a este señor, por ser mi pequeña fuente de ganarme el dólar para llevar un poco de comida y otros vienes a mi familia. El acceso a estas grandes sumas de dollares, que no podían ser mas que sucios negocios una parte iría a cuentas del gobierno o de Fidel y otras se los repartían estos oficiales del MININT, que mantenían callado a los jefes superiores con regalos y dinero en efectivo para sus compras y disfrutes personales. En todos estos años ningún oficial de las FAR, tuvo que ver con estos señores, cuando en 1989 Ochoa fue para Angola, estos grandes personajes eran los capitalistas cubanos, dominaban todas las empresas de Cuba que se movieran en el marco del dollar, tenían sobornados a todos los jefes y administradores de empresas, centros turísticos para utilizar libremente los servicios de ellos, sus familiares, hijos, queridas, amantes, y amigos de suma confianza. Estos oficiales tenían el dominio total, de las viviendas en toda la ciudad de La Habana, lo que les daba la oportunidad de regalar las casas a queridas, familias, amigos no tiene caso señalar algunos que conocí que regalaban viviendas a personas que yo conocí. La corrupción que yo pude ver en Cuba de los propios dirigentes y oficiales cubanos era tan molesta y dolorosa que jamás imagine, pero no me quedaba otra opción, por que mis hijos y esposa tenían que vivir, alimentarlos, y comprarles ropas zapatos y medicinas. A todos estos señores, con mi trabajo en sus autos, les cobraba en dollares, en alimentos o ropa, así conseguía yo el estándar de vida un poco mejor que el de muchos en el pueblo. [En muchas columnas de este libro verán espacios de aclaración y recordatorio, que no estoy defendiendo ni acusando a nadie en particular incluyendo a Ochoa]. La fiesta de repartición, o robo en el gobierno cubano, nace de Fidel Castro, por ejemplo yo le arreglaba las motos modernas, a Jorge Esquibel bailarín del Ballet Nacional de Cuba era una Honda 750 FOUR de 1978, pero a este señor que producía y era una fuente de divisas para el país con su trabajo como primer bailarín, era aceptable que pudiera tenerla, dada su ganancias en Dollares. Pero de donde El General Gallego Franco, poseía 2 motos Honda 750 four de 1981 nuevas, una tuve que pintarla de negro por ser el color favorito de el coronel R C, antes mencionado estos dos señores, eran dos buenos amigos y salían en las motos de paseo, en una conversación me entere que estas motos fueron compradas en Panamá por las oficinas de MC y traídas para el uso de estos dos oficiales.

El poder de estos hombres, los hicieron superiores a todos los generales y oficiales de las FAR, trayendo como consecuencia una guerra fría entre las FAR y el MININT que preocupo a muchos en una época pero todo se trataba de una artimaña de Fidel para controlar la intromisión de las FAR en los negocios sucios que comenzaban, en la alta jerarquía del MININT, y mientras menos lo supieran era mejor, Fidel, siempre simpatizo mas con el MININT, que con las FAR, por lo que a las FAR se le entrego, el turismo militar y entre estos estaba el Hotel Comodoro y otros firmas comerciales de poca importancia las ganancias obtenidas, las manejaba las FAR.

Las compañías fantasmas, que las catalogan mixtas por ser, una parte de Cuba y la otra de otro país, son manejadas por personal del Ministerio de Comercio Exterior, muchos retirados o desmovilizados de las FAR o el MININT y muchos otros oficiales están activos en la inteligencia militar según el interés estratégico de la firma, el gobierno habilita oficinas en las hermosas casas de Miramar Playa etc. para despistar a las segundas partes o codueño, aparentando que estas oficinas solo son de interés comercial. Estas empresas manejan las exportaciones e importaciones, como ejemplo las compañías ETCO, Siemens, Pan American Cimex la destrozada MC y muchas otras realizando operaciones de compra y venta entre dos paises y ganando un porcentaje por las operaciones. La Marina Mercante cubana también destruida comenzó a hacer maniobras prestando servicios con buques rentados y marineros cubanos.

A su vez tenian, otra posibilidad de supuestamente, burlar o romper el bloqueo Norte Americano impuesto a Cuba, pero lo mas triste y doloroso, es que las ganancias de negocios y compras no ha beneficiado al pais en los 52 años de dictadura, no ha habido el mas minimo avance, ni desarrollo, la escaces, el hambre, y la destrucción del pais esta vigente. Yo, como cientos de exiliados en este pais podemos afirmarlo, e incluso hay muchos que trabajaban en estas empresas en Cuba y que están exiliados, que pueden testificarlo y que no lo hacen, por haber sido participe en estas empresas y que fueron la vía de beneficio, de los altos jefes del Ministerio del Interior, los dirigentes del gobierno y de las empresas, y ministerios.

Otro objetivo que cumplia la empresa MC, y alguna otra era introducir la venta del Tabaco cubano, en los Estados Unidos, sobre todo para New York, los Ángeles, California y otras ciudades, donde los ricos pagan fortunas por una caja de este preciado producto que esta prohibida su venta por el bloqueo impuesto a Cuba, el dinero de estas ventas clandestinas junto a la introducción de drogas por las costas de los Cayos de la Florida que MC efectuaba con el poderoso ejercito de Antonio de La Guardia, con buzos y lancheros especialmente entrenados en las tropas especiales del MININT, y bajo la muy secreta dirección de Fidel Castro, para Abrantes, de Abrantes, para Antonio de la Guardia, en MC.

Todo el dinero devengado por estos negocios, ha ido a parar a los bienes, gastos personales y antojos de Fidel, Raúl, generales, y alta dirigencia del país.

Otra representación o franquicia, fue una agencia de autos japoneses MITSUBICHI, esta agencia de autos, tuvo un objetivo confuso, en el cual coincidimos varias personas, su director era, el nieto de MM burgueses de la época batistiana, y amigos de Fidel, este negocio, de agencia de venta de autos que en Cuba no existió nunca después del triunfo de Fidel, en 1959 apareció en un lugar céntrico de La Habana en la calle 23 y Colling en playa después del puente Almendares.

A mi parecer o fue para lavar o justificar algún dinero haciendo una inversión de compra de autos partes y repuestos, con un local restaurado elegantemente con un estatus de riqueza y glamour. Yo tuve la oportunidad, de jugar domino en una casa, donde me encontraba reparando un auto, y este nieto de MM se hartaba enseñando un rollo de Dólares en billetes de 100, que tenia y que de cierta forma me quería demostrar su poder y grandeza, mi duda es de donde estos hijos de los dirigentes y mártires que Fidel adoptaba sacaban este dinero, como se daban esa vida de burgueses y ni si quiera trabajaban.

Mi fama, como buen mecánico en Cuba por muchos años, me trajo muchas comodidades que estos mismos señores me facilitaban con mi trabajo, pero en su interior todos ellos desearían verte a sus pies como un súbdito o esclavo, como yo mismo pude ver en muchos otros que no tenían el valor de enfrentarse a exigir su trabajo, experiencia y profesionalismo, a lo que yo llamo inseguridad de uno mismo.

Tuve la dicha por así decirlo de, repararle los Mercedes a los únicos millonarios que vivían en Cuba, en la época de la revolución el astuto señor, Conrado Bonnet y la señora Chini Tarafa, familias y dueños de centrales azucareros y miles de negocios, en Cuba antes de la revolución de Fidel, el hecho solamente de visitar esta casa para reparar sus autos Mercedes era ser un desafecto del gobierno revolucionario cubano, por esto yo estuve detenido y fui interrogado por esta acción de dirigirme a trabajar con estas personas. Inteligentemente tuve que aceptar el informar a los oficiales de la seguridad cubana sobre cualquier anomalía que sucediera dentro de la casa de estos señores, a quienes informé y nunca traicione ni lo hubiera hecho, mi única tarea era trabajar y el pago en dólares que ellos siempre me daban. Trabajar con estos señores me trajo mucha, clientela con varias embajadas y firmas extranjeras que poseían autos Mercedes Benz, comencé a realizar las garantías, y reparaciones de estos autos lo que me dejo mucho dinero. Estos técnicos de la Mercedes que supervisaban los autos de F, y el consejo de estado Otto y Rolf, cuando chequearon los autos, a los que yo les había realizado los servicios y reparaciones, le comentaron a Yayo, el esposo de la millonaria y le dieron una aprobación y aceptación escrita y con cuño de garantía, para que yo trabajara, estos autos a una serie, de embajadas y otros, que no tenían donde hacer los servicios a los autos, por no haber en Cuba una agencia oficial de la Mercedes.

También ellos cada vez que visitaban algún lugar en La Habana que tuvieran autos Mercedes dejaban mi teléfono para cualquier servicio que quisieran dar a sus autos, levante mi clientela en un 80%.

Pero toda estabilidad o negocio en Cuba dura poco, la envidia y otros factores, me invadieron un día y fui citado a la oficina del director de Cubalse el señor burgués y oportunista, Abrahán Masiques Masiques quien me advirtió, que si le volvían a decir de mi presencia en una embajada, reparando algún Mercedes u otro auto, me mandaría a arrestar por invasión de una sede diplomática esto en Cuba era bien serio con la ley. Me pregunto, que si yo quería trabajo el me lo podía brindar, y le conteste muy decentemente que no, seguí trabajando, a escondidas y cuidándome de la vista de la gente, para no tener problemas, pero no iba a privar a mi familia de alimentos, ni comodidades.

Regresemos a 1979, Etiopia. Ochoa me comenta, que haría cuando regresara a Cuba y realmente no tenia ni la menor idea, mi salario de $207.25 pesos cubanos seguiría recibiéndolo hasta que en Cuba me incorporara a la vida civil, entonces me pidió si yo quería quedarme restaurando una Mercedes 300 SL del año 1958 que la querían vender, a un club de fanáticos de estos autos en Estados Unidos en la suma de $250.000 dollar. Mi compensación seria darme un LADA, de uso por el pago de este trabajo y acepte.

Reparación del body, el motor con sistema de inyección, los frenos pintura y se mandaría a vestir el interior, me ordeno que fuera a la agencia Mercedes de Addis y comenzara a pedir libros, micro films y datos de estos autos para que comprara las piezas que harían falta. Me gusto la idea, por que por lo menos en lo que buscaba un empleo bueno, tenia algo de dinero, irme para esta aventura me había hecho perder mis clientes, cuando regrese a Addis entre los trabajos normales incluí este nuevo episodio de los que, mas me gustaban a mi. Por estos días fue, de visita a Etiopia el jefe de transporte del MINFAR el general Cabrera, que vino a visitar unidades y a tomarse algunos días de vacaciones. Un día, el jefe nos envía a M y a mi a que fuéramos solos en 2 Mercedes a Assab, a recoger al general C que quiso viajar en avión y regresar en auto, para disfrutar de los hermosos paisajes del valle de la Sal, el desierto y las vistas de este país. La distancia a recorrer, era 955 Km., M y yo preparamos los autos y salimos en busca del general, casi todo el camino es muy solitario, estamos hablando de una soledad y una gran distancia donde solo se ven Galápagos, tortugas gigantes que viven en estas zonas y son peligrosas, puedes no verlas y al impactarlas el auto puede voltear, íbamos bordeando una pequeña loma, y al yo entrar en ella veo a M apostado, detrás del mercedes con el AK 47 y de esta loma una lluvia de tiros, cuando ven el otro auto, yo tirado ya detrás con mi fusil corren por detrás de la loma para tratar de bajar, ese tiempo nos ayudó a escapar, a toda velocidad cuando yo salí rápidamente dos de estos hombres, se pararon en la carretera disparando con un fusil ruso con un disco de 92 tiros, los alcancé ver por el espejo retrovisor levantaban el asfalto, uno de los proyectiles, alcanzo el auto en la tapa del baúl, en una esquina hacia abajo lo que no penetro, de haberlo hecho no estuviera escribiendo mi libro. Después de esto no paramos hasta el puerto de Assab, donde telefoneamos a Addis para avisar lo sucedido, por lo que recibimos la orden de regresar al día siguiente por que el viaje había sido suspendido por la CIM, el general regresaría por vía aérea. Nos hospedamos en un hotel de baja calidad con una habitación para dos personas y baño colectivo, el calor era tan grande que no se podía estar ni en la habitación con aire acondicionado, el agua que salía de las llaves era casi con 40 grados de temperatura.

Al siguiente día, salimos temprano en la mañana, acordando el máximo de velocidad, y la mayor precaución. No tuvimos percance ninguno, aunque este viaje no dejaba de ser peligroso pero para mi hacerlo, era relajante por la belleza del panorama. Llegamos a Addis y ya teníamos un viaje al día siguiente con el jefe y su nuevo amor, esta vez fuimos a Jima un lugar lleno de montañas, arroyos, ríos y pequeñas caídas de agua como cascadas, en una selva libre al natural, realmente a mi no me molestaba pero, se nos hacia aburrido, teníamos que hacer postas en las noches, y no perder la actitud agresiva de que cualquiera podría hacernos daño, mas los animales que no dejaban de acecharnos. Fuimos de paseo a varios lugares como Gonder, Lago Tana, Ras Dashen que tiene una altura de 15,158 pies sobre el nivel del mar, pasamos días para no olvidar. El dinero para estas actividades siempre lo extraía RG, rentábamos hoteles, trailer solo para dormir comíamos en restaurants etc. Un día salimos hacia el sur llevamos armas de caza, un fusil de cazar elefantes, que le fue regalado al jefe por Menguisto con incrustaciones en oro marfil una belleza con un trabajo de tallado en la madera y el cañón. Iríamos directamente a la frontera de Kenya, a una ciudad en la frontera llamada Movale, una ciudad llena de turistas que vienen a hacer safaris, esta es una región etiope pero a unos metros, se puede pisar el suelo kenyano por lo que los guardias son bien pesados, y muy estrictos, nosotros quedamos sorprendidos cuando nos toco el turno de pasar, el guardia nos miro y dijo Cuba y con señas con los brazos y un idioma que no se podía entender. Pasamos los 2 jeep, por que el jefe no quería aparecer, ni ser registrado en ningún safari dirigido ni fotos y cero publicidad por lo que tomamos un camino que nos guiábamos por unos jeep que iban delante de nosotros, a una distancia casi de 300m y eran los de la compañía de safari. En estos lugares existían cada 5 o 6 Km. unas cabañas de madera que tenían baño y lavaderos, con unos asientos como para un descanso. Ya llevábamos 3 días de viaje desde Addis la capital, por todo el recorrido, vimos leones, antílopes, gacelas, impalas, y muchos chinpanses gorilas, Jabalís, hienas, era impresionante. Yo guiaba, el jeep delantero con el jefe RG y M . . . . detrás Ríos, Martines y A, Ya casi en la noche, el jefe había tomado un mapa que venia leyendo, y llegamos a un caserío con cabañas con un estilo de kimbo de tribus pero bien arregladas en su interior, un sistema de plantas eléctricas que hacia posible el aire acondicionado, el calentador y un sistema de TV con documentales de casería, manejos de fusiles, una vista general del territorio, los distintos tipos de safaris, los precios, y los limites de terrenos. Pasamos unos días buenísimos y realmente nunca se me ocurriría que yo pudiera estar en un lugar así. Regresamos a Addis, y estuvimos un tiempo con monotonía, y sin actividad salimos de vacaciones, M y yo, estuve en Cuba unos 17 días, y como siempre los regalos o encargos, yo llevaba dos relojes Rolex, adquiridos por mi en Addis uno para el general, Cabrera el jefe de transportes del MINFAR, el otro, para el comandante William Gálvez, el jefe, me dio también, unas cosas para Mayda, y cuando fui a entregárselas me dio un corral para bebes que había sido de Alejandro y estaba nuevo, le vino muy bien a mi hijo porque lo querían colocar en el piso, y siempre se daba golpes, y ya empezaba a gatear.

Cuando regresamos, a Addis todo estaba igual, las actividades empezaron a mermar y se me hacia aburrido todo, un día en la mañana me dijo RG, que ya el jefe pensaba que era el fin de su misión, su sucesor iba a ser, el General de Brigada Ramón Espinosa Martín, pero que no le habían dado la orden de retirarse, y que antes tendría que entregar la misión y que esto le llevaría unos días de trabajo.

Realmente, yo temía, a que me dejaran en este país, por lo que se converso un tiempo atrás pero tendría que esperar, no había otra opción, las salidas del jefe eran privadas y las fiestas mermaron, los autos que iban quedando, se fueron aparcando y guardando en las diferentes casas, y el descanso era el manjar del día.

La vida me había dado una oportunidad increíble el sueno de viajar, que a los cubanos nos encanta pero en nuestra patria esta vedada por la dictadura de FIDEL.

Comenzó una época de calma y fin de misión el jefe decidió mudarnos, a la casa de la loma en la que ya habíamos estado, en otro tiempo y que era un lugar tranquilo, como para un buen descanso. Ya los custodios de la casa habían terminado la misión y se hacia difícil conseguir un nuevo grupo como aquellos muchachos que sus nombres se merecen estar en las paginas de este libro, Carnet, Marino, Salomón, Oscarito, la seguridad del jefe ya no tenia, que ser tan agresiva. Una mañana, salimos a cazar al centro del parque Awach, íbamos quedando pocos RG, Ríos, M y yo, estuvimos 2 días, el jefe cazo un jabalí como de 170 lb., yo a pesar que RG trato la puntería de experto tirador, y había fallado el tiro, pedí blanco, y le acerté un disparo al ojo izquierdo de un potrillo antílope, que sirvió de risas y jaranas del jefe para RG. Regresamos a casa y afuera en los jardines, había un horno grande, donde P aso el jabalí, la carne de cerdo mas sabrosa y olorosa que se pueda comer, los perniles traseros del antílope, fueron cortados en bistec, porque las carnes de res y otros animales en Etiopia además de brucelosis, bacterias etc. es muy dura y en el caso de los antílopes padecen de unas aldeas de gusanillos que son irreversibles cuando se ingieren, a las larvas y huevillos no les hace daño el calor del asado, solo se pueden comer bien fritos pero son exquisitos. Los días se hacían aburridos, ya casi el jefe no salía, íbamos alguna vez a la primera división, otras a la ciudad, en las noches jugábamos canasta, juego que envicio a todo el grupo, conversábamos mucho en las noches, hablamos de muchos temas que diariamente y a escondidas de el y de RG, depositaba yo en mi diario de guerra. "Una noche" comenzamos conversando sobre la guerrilla en Venezuela a la que el fue enviado, la delación de esta, ocasionó el envió de los Rangers, para la eliminación o captura de esta, A Ochoa, le habían dado la orden de retirarse pero antes, tuvo que sacar a su tropa y heridos de aquellas selvas y montañas, cruzando la carretera Panamericana, y enfrentarse en varios combates, como la emboscada de "Cerro Atascadero," comandó, la columna que participo en la emboscada "El Mortero" entre Sanare y El Blanquito, y nunca, dejo ni uno de sus hombres, abandonados cruzo los Andes huyendo de los Rangers, con uno de sus soldados a cuestas, el hoy General Ulises Rosales del Toro, sin fuerzas y desfallecido, con 121 llagas en su cuerpo, de no poder bañarse, mas las picadas de insectos, su débil estado físico, por el hambre comiendo y bebiendo lo que apareciera, el heroísmo de Ochoa su respeto y su sencillez, acompañado de la lealtad a la Revolución y a Fidel, no solo vienen de Etiopia ni Angola, vienen desde los inicios como soldado en la Sierra Maestra, es por estas razones que deseo que el mundo entienda, que su inocencia es real, observen en todas las anécdotas que voy haciendo, que la mente y pensamiento, de Ochoa eran Fidel y la Revolución, una actitud como esta, de un campesino de familia humilde con educación escasa pero con la mejor educación que se le puede dar a cualquier ser humano, tener moral, respeto, honestidad y sobre todo lo que caracterizaba al cubano campesino de aquella época la "Honradez," Ochoa nunca, conoció la riqueza ni el poder del dinero como también, le sucedió a muchos altos oficiales de las FAR, hombres como estos campesinos y pobres se veían obligados a buscar un cambio a sus vidas.

El remedio al hambre y la miseria de aquella época, era buscar una salida y esta fue la mal llamada, Revolución traisonada después de su triunfo por el mismo Fidel, supuestamente quitándonos de la intromisión e intervención de los Estados Unidos para entregar el país al Marxismo Leninismo y el Comunismo, con los resultados que hoy vivimos.

Muchos hombres en 1959, salieron del país a Estados Unidos pero fueron en una gran parte los adinerados y los dueños de negocios, compañías y otros. En los años 1960 en adelante, continuaron saliendo del país y hoy a los 52 años de tiranía siguen emigrando.

Quienes quedamos atrapados, los que no teníamos ni dinero, ni familias que nos reclamaran, ni el valor de dejar a sus seres queridos, en otros casos no tenían los medios. Cuantos se quedaron para no perder, sus casas que hoy son escombros, sus negocios que los perdieron, sus tierras y propiedades. Hoy, solo en sus mentes queda guardado el arrepentimiento, de muchos y hasta altos oficiales, dirigentes y pueblo de los que sin remedio tuvieron que quedarse en contra de su voluntad, soportando la tiranía impuesta por Fidel. No quiero decir, que a todos nos sucedió igual, muchos se quedaron por tener fe y esperanza, al sistema, y promesas hechas por su líder, otros por acomodamiento y otros pensando en una invasión norteamericana, que recuperaría la Cuba anterior. Así también, se quedaron los que nunca dejaron de ser pudientes, los involucrados en crímenes, otros por oportunismo, los implicados o seriamente comprometidos, por ambiciones de poder, como Raúl Roa, Carlos Rafael, Guillermo García, Blas Roca, Celia Sánchez, Vilma Espin, los Senen Casas, Escalona Reguera, Machado Ventura, Dorticos.

Algo que siempre fue un misterio, para todo el pueblo cubano, y que quería escuchar, de la propia boca de Ochoa, era la muerte del comandante Camilo Cienfuegos.

Que según el gobierno, había desaparecido en su avioneta, cuando regresaba de una conversación, con el comandante Hubert Matos por orden de Fidel, por que este comandante y varios de sus hombres estaban, en contra de los cambios impuestos por Fidel al ya acordado camino de la revolución. Este era un tema que Ochoa evitaba, siempre que le preguntaban era algo que sin el decirme nada, el simple hecho de no enfrentar una respuesta me confirmaba mis pensamiento.

Ochoa ingreso a la columna de Camilo Cienfuegos, en el año 1958, con sólo 14 años de edad y junto a sus hermanos Albio, Antonio y un Tío llamado Víctor, sus historias de acciones combativas y los hechos normales que implican una guerra, que no pueden tener otra teoría que la que el, siempre dijo, MATAS o TE MATAN.

Esa noche, estábamos Ríos y yo en la sala con el jefe y comentábamos sobre el regreso a Cuba por el fin de la misión, y nos dijo como si llevara un rato meditando sobre el tema. No puedo cambiar de vida, yo me siento comprometido y sobre todo, me gusta lo que hago, y con su vista fija en un lugar, seguido de su característico "unhuu" comento, yo tengo admiración por hombres como ustedes son fieles, me han seguido, en toda la guerra y se que esto es un valioso merito, ¿a los dos les hace falta una casa donde vivir?, y esto significa para mi, tener que pedir favores a quienes me pondrían en su lista de deudas, Ríos tu puedes seguir conmigo, si te quedas en las FAR puede que te resuelva la casa, fíjate que ahora fue, que se acordaron de mi para darme una casa, César tu, eres un hombre preparado y profesional no me gustaría verte llevando a Alejandro al circulo infantil, llevándome la ropa a la tintorería.

Cuando lleguemos todos a Cuba, veremos lo que puedo hacer por ti, allá tenemos trabajo en la 300 SL la gaviota así se refería la Mercedes que las puertas abren hacia arriba, quiero también, que me restaures la Harley David son de Camilo, pintada y todo. ¡Este fue! el preciso momento en que yo le dije jefe, que le paso realmente a Camilo porque no nos los dice a nosotros, usted si lo sabe nosotros jamás lo diremos a nadie. Se quedo mirándome, y con el codo en el brazo del butacón, se llevo los dedos de la mano izquierda a la ceja y comprimió la parte velluda, una manía, cuando estaba estresado, se quedo en silencio por unos minutos, y dijo, Camilo fue un hombre valiente, lo demostró, siempre se fue por encima de, lo calculado por los jefes, tenia mucho pueblo, lo que provoco que se preocupara el alto mando, y esto no lo favoreció. Lo que voy a decirles es muy secreto, y muy personal, en muchas ocasiones he sentido miedo, por cometer un error o por dar un criterio que se mal entienda eso es mortal, y el jefe no cree en lagrimas, la traición se paga con la vida, por eso yo los quiero y respeto a ustedes, la fidelidad y el trabajo que entregan es el mejor para mi, eso no tiene valor monetario. Yo no quiero subir, ni tampoco irme por encima de nadie yo espero conforme cumplo ordenes y soy un fiel soldado.

En una muy segura y pausada conversación, viro su cabeza hacia la cocina, y le dijo a P, sírvenos unos tragos mira ver que quieren ellos, yo pedí un Vodka con naranja y Ríos un ron doble en strike, el jefe tomo su Napoleón.

De nada vale que yo no termine con esta pregunta de ustedes que me la han hecho muchas veces, saben que fue Camilo a hablar con Hubert Mato, y le respondimos que si lo que siempre habían publicado, la traición y destitución de Hubert Matos en Camaguey, entonces yo solo les diré que Camilo, nunca llego a levantar vuelo con su avioneta, Cessna #310 de Camaguey, todos nos quedamos sin poder hablar, nadie tuvo valor para hacer ningún tipo de comentario, y esto fue todo para que jamás se hablara del tema.

Quienes no conocen la historia de Camilo Cienfuegos, deben saber que fue un comandante que dirigió una columna de rebeldes junto a Fidel y Raúl Castro en la Sierra Maestra, en la parte oriental de la isla de Cuba. Camilo al triunfo de la revolución se gano la confianza de los cubanos y se convirtió en un líder, con una fama en el pueblo que igualaba al máximo líder Fidel. Pero, la declaración de Fidel de que la revolución cubana tenia un carácter socialista, o comunista trajo el desacuerdo de muchos de los que habían luchado junto con el, y también se habían firmado tratos relacionados a la dirección, la política y el camino a seguir. Este cambio trajo serios problemas al haber otros comandantes y hombres de las tropas, en desacuerdo uno de ellos fue el comandante Hubert Matos, quien al no estar conforme quería dividir al país y declarar a la ciudad de Camaguey independiente, por lo que Fidel, envía a Camilo Cienfuegos a tratar de mediar y convencer a este, al fracasar este intento mediador, Fidel dadas las circunstancias, y con varias discusiones entre el y Camilo, para no tener mas sombras, ni nadie que pudiera amenazarlo en sus fines de poder, después de la frustrada diligencia de hablar con Hubert Matos y camino a la pista del aeropuerto a tomar su cessna Camilo Cienfuegos y su piloto, fueron muertos por ordenes precisas de Fidel.

El controlador de vuelos de la torre del aeropuerto, por presenciar los hechos, y ser amenazado de muerte prefirió suicidarse, y jamás fue este hecho implicado en el caso el ayudante de Camilo, el capitán Cristino Naranjo fue asesinado, cuando entraba por la puerta donde a diario pasaba, para dirigirse al puesto de mando de Camilo en Columbia aeropuerto militar en La Habana, alegando que el guardia cometió un error de reconocimiento. Los que sabemos la verdad, podemos comprobar el cinismo con que Fidel después que lo asesino, y que planeo todo, aparento la búsqueda por cielo y tierra en las costas de Cuba, creando un drama que duro 3 días hasta que, preparara una historia, borrando toda las evidencias. Como los cubanos padecemos de impulsos emocionales, y aprovechando el recién triunfo de la revolución, que arrastro las masas populares con discursos y promesas, le hizo creer al pueblo de Cuba que Camilo había caído al mar, cuando regresaba de Camaguey y que nunca se encontró ni un solo rastro del fuselaje, ni una mancha de grasa, ni los cuerpos. Al verse metido en tan atroz crimen, mas una segura reacción que el pueblo tomaría si se enteraban de esto., Fidel propuso que todos los 28 de octubre los pioneros los niños, los hombres y mujeres se dirijan hacia las costas de Cuba y arrojen flores al mar, en memoria de este valiente cubano, aun a los 52 años de dictadura siguen engañados llevando flores al mar.

Fidel y Raúl se quitaron una amenaza de que Camilo sin discusión seria el segundo jefe de gobierno, cosa que dejaba a Raúl en un bajo cargo.

Continuamos hablando y le pregunte que modelo era la moto de Camilo me dijo que era una Harley del año 55 o 56 con amortiguación tracera, que era una Hidra Glide. Esa era la moto de el, en Santiago de Cuba cuando triunfo la revolución. Hablamos esa noche de varios temas, y paramos en un juego de cartas.

Ríos, le pregunta al jefe, que creía el de la economía del país, y le respondió que se han cometido muchos errores, que se trataban siempre en el seno del Partido pero, los yankis nos tenían afixiados, con el bloqueo y las presiones que les crean toda esa gente, que se fue huyendo de Cuba, que les habíamos quitado sus bienes y propiedades, también nos dejaron sin ingenieros ni técnicos para el manejo de la industria cubana, que depende totalmente de la maquinaria de Estados Unidos y las piezas de repuestos, están totalmente cerradas para nosotros.

Dentro de pocos años, la industria cubana, estará totalmente paralizada, El Che y muchos han tenido palabras con el comandante por este tema, pero no sede ante ninguna idea el ahora confía en la tecnología Rusa, y yo creo por lo que he visto que esta gente no tienen tanta industrialización que coincida con la nuestra, no es lo mismo, segar trigo que cortar caña, ni es lo mismo los equipos funcionando bajo 0 grados que a 40 grados.

Quiero que escuchen bien estas reales palabras de Ochoa, que publico hoy con plena garantía y veracidad, textualmente.

Si el comandante, Fidel, me autoriza y me da un pedazo de la parte norte de la Sierra Maestra, construir un angar para 3 o 4 avionetas Cessna, un muellecito con 4 o 5 lanchas, y una buena tropa como ustedes, les lleno a Miami de drogas y le levanto en un año la economía de Cuba.

Ahora quisiera que observen, la acentuación de estas palabras y el calificativo aclaratorio, de la expresión de Ochoa con respecto a realizar esta ilegal actividad, [si el comandante Fidel me autoriza].

Con toda una serie de datos referente a Ochoa sobre su naturaleza, su infancia y sus sentimientos, con sus hijos, familia y amigos, los que lo conocieron todos sabemos, que sus pensamientos siempre fueron fieles a Fidel. La única casa privada, que Fidel visitaba sin previo aviso, era la de Ochoa, de estar nosotros en el garaje, en el portal, en la sala de la casa de Ochoa y llegar los Mercedes cerrando la calle 24 en el Nuevo Vedado, parándose los guardias con las armas terciadas, frente a nosotros y Ochoa en short y sin camisa decirle a los guardias, oigan gorilas esa son mi gente, también sentarnos a almorzar estando Fidel en su casa, el único que podía hacer esto en Cuba era Ochoa.

Ochoa me presento, a Fidel en Etiopia con la naturalidad del campechano campesino, y le dijo, este es uno de la tropa que han estado, todo el tiempo junto a mi en Etiopia, tremendo técnico de Mercedes.

Lo que quiero dejar ver, es que la confianza de estos hombres era tal como para que, se convenza el mundo de que a Ochoa, le costo la vida, limpiar la imagen de la revolución y de su querido jefe Fidel, culpándose ante los Yankis, de todas la sucias artimañas que quería hacer el gobierno para salir de la crisis que podría traerle graves problemas, jamás el gobierno pensó que el pueblo soportara hambre, la falta de recursos cuando nombraron las entupidas consignas y leyes que causo el Periodo Especial, Fidel Castro con tal de no perder el poder es capaz de todo, su odio innato a los Norteamericanos es una prueba mas de su insuficiencia cerebral, su tercadez y su indolencia inescrupulosa.

El Capitán JMV, fue una victima mas y un fiel soldado, que se integro a las FAR después del final de la misión Etiope, un simple ingeniero en comunicaciones, trabajaba en los buques Mercantes de la empresa Navegación Mambisa, su padre también tenia esta misma profesión, vivían en una modesta casa en el barrio de Casa Blanca, la madre de M una señora maestra de escuelas primaria y un hermano, que emigro para los Estados Unidos. M nunca se entreno, en nada militar, realmente cuando Ochoa estaba en Etiopia tenia un ayudante, que permanecía en Cuba de apellido Gómez estaba siempre al tanto del jefe y su familia, y siempre en la oficina del MINFAR, cuando finalizo la misión de Etiopia, a Ochoa le intereso el trabajo de M para que se quedara en las FAR, ya que Raúl quería de todas formas que Ochoa volviera de jefe del ejercito de Occidente, y M le montaría todas las comunicaciones del ejercito.

Ríos, al regreso de misión quedo como chofer de Ochoa, y M de ayudante. Ochoa le resolvió un apartamento en la calle 30 y Kollings Nuevo Vedado Zona congelada, a Ríos y a M le dieron una casa, en la calle Ayestaran, en el Cerro.

Aquí fue donde me empecé a dar cuenta, del engaño en que había caído, el abuso la mentira, de los hombres que dirigen la revolución sobrepasan los limites de crueldad.

Trabaje, como un esclavo, me jugué la vida, abandone a mi esposa embarazada, renuncie a una propuesta de la Mercedes Benz, sacrifique casi 3 años de mi vida y, mis ilusiones de tener un apartamento donde, vivir quedaron en sueños. El simple hecho de no ser del Partido Comunista, me dejo en donde comencé y sin esperanzas, como yo, cientos de cubanos recibieron el mismo pago, doy gracias que no deje mi vida, como les sucedió a muchos cubanos, y mucho mejor no le debo nada ni le agradezco a la Revolución.

Gracias a Ríos que me dijo toda la verdad, en las conversaciones que el escuchaba en las reuniones para la entrega de casas, me dijo claramente que la comisión solo podía darle vivienda a los soldados condecorados, pero tenían que ser Militantes de la juventud o del Partido Comunista. Por esta razón jamás culpe a Ochoa, el no pertenecer al Partido fue una decisión mía y no tenia el nada que ver con esto así funciona el sistema cubano de Fidel. Me negué a ir a Nicaragua y también a Angola, alegando problemas familiares, por que una vez pasa pero dos era demasiado, gracias a mi astucia

"La doble cara en Cuba"

Yo sabia de pura sepa, como decimos los cubanos, que la familia de M no simpatizo, con la revolución ni con Fidel, por que mi padre conocía al padre de M de antes de la revolución cuando era radio telegrafista, de La Policia Nacional del Gobierno de

Batista, y trabajaron juntos en el buró de prensa de la Policía Nacional en un castillo en La habana vieja en la esquina de Cuba y Chacon.

M, al igual que Ochoa claro a diferentes niveles, fueron unas victimas utilizadas para la limpieza de la imagen de Fidel ante el mundo, de que el gobierno revolucionario estaba participando en el narcotráfico.

Quien que sepa como funciona, la represión, vigilancia y los rigores para salir del país en Cuba con todo los ciudadanos normales, con los oficiales de las FAR y el MININT, la alta dirigencia del Partido y Comité Central, ninguna persona, puede llegar al aeropuerto como hace un país libre, sacar un pasaje con su pasaporte y abordar el avión, solo con el control exhaustivo, por un evento del gobierno, y este es chequeado por la Contra Inteligencia Militar y La Seguridad de Estado, además de los controles de aduana, el pasaporte solo lo tramita Emigración, que es controlada totalmente por el MININT y los militares son controlados por los órganos secretos de la inteligencia como misiones especiales, o encubiertas como por ejemplo cuando yo Salí de Cuba con un Pasaporte Diplomático, que me lo entregaron en aquella época en la Fílmica del MINFAR, donde me hicieron los tramites, que fueron hechos en la ayudantia de Raúl, en el cuarto piso del MINFAR, por unos oficiales muy amigos míos, los Capitanes S. y el mayor E R, yo le reparaba los Mercedes. Si algún funcionario, diplomático extranjero va a viajar le mantienen un chequeo diario y exhaustivo de a donde van y de donde vienen, con personal especializado, y varias las instituciones, que deben dar el O K para su salida, primero la seguridad del estado, el banco financiero internacional, donde ellos depositan su propio dinero, por si existen deudas o extracciones de grandes sumas de dinero, un informe de emigración con los papeles en orden, como pasaporte, visa para el país a visitar. El chequeo, era una dirección del MININT con personal especial, llamada Técnica Operativa, que yo les realizaba trabajos en los autos, y que me pagaban en moneda nacional, como montaje de equipos de música, radios de comunicación, estos trabajos, los iba a realizar a una unidad especial del MININT, que era de comunicaciones, secretas, cifrados, y puente de interrupción y gravado de llamadas satelitales, llamada La Palangana, y a otra unidad en la avenida 51 en Marianao, donde parqueaban sus autos.

Después que termine los trabajos de la Mercedes antique que Ochoa me pidió, a los pocos meses el se había marchado para Nicaragua a la nueva misión, y al estar yo vinculado realizando estos trabajos al MININT el Coronel RC me propuso trabajo y este, consistía en instalar micrófonos y cámaras ocultas en hoteles, cafés, bares donde se reunieran diplomáticos o visitantes extranjeros de atención para la seguridad de estado, desde luego no acepte, por que ya odiaba al ejercito a la policía la política y el sistema.

Jamás yo podré entender como tantos profesionales al servicio de este ministerio no se den cuenta de los métodos y la sicología, que utiliza el gobierno contra el pueblo cubano, para mantenerlos en una tensión, y preocupación, con la siempre esperada invasión de los yankis, promulgada durante 50 años por Fidel, como el COCO que asusta a los niños para que se porten bien. Las criminales condiciones de vida, cortes de electricidad, falta de higiene, por la ausencia de jabón detergentes, la pésima asistencia medica, falta de trasporte y el futuro incierto, los estudios universitarios y profesiones, la deformación y violencia social, un pueblo cegado, engañado, frustrado, e ignorante, con mas de 50 años de vendaje hacia los países desarrollados, y los adelantos técnicos del mundo, desinformado y sin comunicación todas las emisoras de TV radio Internet prensa en fin un mundo apartado y bloqueado solo para imponer sus ideas y poder.

En Cuba el desayuno, diario es política, almuerzo política, y comida política, no tengo, palabras para exponer, como ha sido abusado y engañado el pueblo de Cuba, así son las artimañas que el sistema utiliza en contra del pueblo cubano, para que los sucesos como las causas #1 y #2 y otras muchas, no les ocupe sus mentes ni puedan analizarlas para buscar la verdad, de esta manera le dan el final que ellos quieran, ocultándole la realidad al pueblo.

Los medios de difusión, prensa y radio en Cuba responden a una sección en el Comité Central del Partido Comunista que autoriza, editan e informan las noticias convenientes para el sistema, la principal de todas las propagandas en primera plana de la prensa noticieros, es odiar a los imperialistas y los americanos, culpándolos de cuanto error, sabotaje, escasez, destrucción de la agricultura, destrucción de la ganadería, la caña de azúcar y hasta las inclemencias del tiempo. Las obras de teatro, armadas y preparadas, por la dictadura de los Castros, para culpar a los Estados Unidos de todo cuanto suceda en el país, y en el extranjero el gobierno toma la noticia y la envuelven, informando al pueblo a la forma que ellos crean que sicológicamente les ocupe sus mentes para que olviden los graves problemas que poseen y a su vez tratar de inculpar a los sistemas políticos en especial el capitalismo, y demostrar que el sistema impuesto por el en Cuba es el correcto, así es que han logrado una dictadura de 52 años y varias generaciones que lo apoyan es por esto la teoría de que hable al comienzo del libro y esto lo demuestra, el hombre se adapta a todas las formas de vida, y sobrevive.

Desde luego, esta ha sido en los 51 años de revolución, el preocupante, motivo de Fidel y sus esbirros, no dejar que ninguna mente piense, la libertad de reunión, los partidos políticos, los grupos sindicales, en Cuba solo existe un presidente y un partido Fidel.

Las pruebas, que tenían los Estados Unidos, sobre la participación de Cuba, en el narcotráfico eran tan certeras, que hasta la DEA, y el FBI, llegaron a tener información de estos negocios, pero lo que antes hable comenzó a funcionar, la dirección de las obras teatrales, dándole tiempo a Fidel, de adelantarse a cualquier acusación y sacando unos culpables, que eran leales a el, y que nunca pensaron que los mataría.

¡Había que limpiar la imagen de Fidel y la Revolución!

Inmediatamente, que a Fidel le llego la información de que los yankis tenian, pruebas y evidencias, de que Cuba estaba participando y apoyando, a las avionetas que trasportaban las drogas, ya que fue vendido, el corredor aéreo de Cuba para estos fines del narcotráfico, inmediatamente, prepararon la contrapartida de estas acusaciones que vendrían, y su salida, mas ventajosa fue "poner el parche antes que salga el grano".

La inteligencia y habilidad de Fidel y su grupo de apoyo, sin aun salir ninguna noticia ni acusación, de los yankis, fue adelantarse a todas estas y sacar de la manga, la nueva carta, que utilizaría, junto al juramento de inmolación, de los que se involucrarían en este trabajo del narcotráfico, formando así la obra de teatro con la traición de sus mas aliados, abnegados y fieles oficiales, y mezclando a su vez para una mejor credibilidad, la venta de diamantes, marfiles, y Oro. Algunos de estos intercambios, sobre todo en la Angola de 1988 cuando los hermanos de La Guardia realizaban ventas, e intercambios a espaldas de Fidel, para su enriquecimiento personal, con las armas rusas que ellos poseían y controlaban, y que eran donadas por los rusos, para el supuesto internacionalismo proletario.

Ya la supuesta ayuda a Etiopia y Angola, llevo a Fidel a utilizar, a los estúpidos cubanos, "yo me incluyo", a morir en países que nada tenían que ver con nosotros a liberarse del siempre acusado imperialismo Yanki. Esto fue convertido en una verdadera entrada de dinero, Oro, diamantes y muchas otras cosas, Cuba hasta realizo pruebas de armas químicas y exterminio masivo en el centro del Ogaden, con militares Rusos, y Etiope para la venta de estas, al ejercito Etiope de lo cual fui testigo, desde un avión ruso AN 24, en compañía de Ochoa Ríos Martines y el general ruso Chapliguin, mas 3 coroneles Etiope, en esta maniobra, tomaron como enemigo, unas manadas de cebras, antílopes, y otros animales salvajes, en un perímetro de 200 Km. cuadrados.

"Los negocios de MC moneda convertible Cuba "

Las actividades, de MC ya estaban funcionando desde los años 1980 y 81 y los yankis, descubren estas actividades de narcotráfico cubano, a principio de 1989, Aunque MC poseía empresas, fantasmas en Panamá, Costa Rica, Honduras y otros países de Latino América, con Bufetes de abogados que realizaban casamientos arreglados, salidas de Cuba por terceros países, visitas al país y otras gestiones para los cubanos residentes en el extranjero, y los Estados Unidos. Realizaban subastas de artículos valiosos, antigüedades y joyas de valor, cuadros, y antigüedades clásicas y de alto valor que se les fueron expropiadas e intervenidos de las casas y negocios a las personas que durante años fueron abandonando el país, como se ve claramente se las robaron.

En esta empresa de Fidel, también se coordinaban atenciones medicas y cirugías, a realizar en Cuba, a personas, artistas famosos, millonarios y grandes empresarios en el mundo que pagaban altas sumas de dinero, estancia, y recuperación, no puedo nombrarlos, por que me demandan pero se de un par de ellos.

Donde están las altas sumas de dinero que ha ganado MC, y CIMEX, ni un solo centavo ha sido para mejorar al pueblo ni al país, sin embargo de todos es sabido que ellos y El MININT, y todos los dirigentes en el país poseen Hospitales únicos como el del CIMEX, los pisos especiales de algunos otros como los del Almejeira, Fajardo y otros donde no falta ningún recurso ni medicamento, y con todo el desarrollo de la medicina en el mundo. Pero después de conocer y vivir todo esto hay que soportar escuchar a FC decir que Cuba es una potencia médica, no se ha cansado de proclamar esta falacia abusiva que solo, la realiza para crear una fama, de buen presidente, y que el sistema cubano creado por el es lo mejor. Nadie en el mundo jamás podrá imaginarse, los hospitales, para la población cubana son un desastre, sin medicamentos, sin los mínimos recursos de higiene ni esterilización, sin pintura, sin luz eléctrica, sin ventanas las paredes destruidas, baños tupidos y desbordados de eses fecales, ni los hospitales de África, los visite al igual que algunos de América Central y no tienen estas condiciones, la que por tantos años le informó al pueblo de Cuba.

M, en MC realizo algunas de estas transacciones, según sus propias palabras, estando con Ochoa en Angola junto a los hermanos Tony y Patricio La Guardia, nos comento, un día en el balcón de la casa de Ríos, que había realizado unos negocios con ellos, señaló que nunca había visto tanto dinero junto, nos dijo que ese negocio había sido, la carta de aceptación para, que Antonio de la Guardia lo pusiera a trabajar para MC, nos dijo también que tanto el jefe como el siempre se salpicaban, que ese dinero se estaba colocando en una cuenta que tenían esta gente con nombres falsos en Panamá, y hasta en Europa, valía la pena el sacrificio, que sabia con seguridad que esto es legal.

Todo esto, fue minuciosamente, pensado, estudiado, con la acentuación y el acuerdo que de ser, descubierta alguna operación tenían que tomar toda la responsabilidad el hombre que fuera descubierto, ellos juraron honorablemente, esto junto a limpiar la imagen de la revolución.

Otro de los negocios abusivos del castrismo en Cuba, fue que desde los años 1978, la venta de petróleo Ruso, era donado a Cuba para compensar la crisis, la escasez, los apagones eléctricos, por 4 o 5 horas, un inteligente economista cubano determino junto al sabio cubano que el crudo Ruso era de muy mala calidad ya que poseía excesivo azufre, por lo que los buques cisternas donados por Rusia eran vendidos en el mercado y Cuba tomaba ese dinero para comprar otras mercancías, para el país lo que nunca ese dinero se supo a donde fue a dar.

En otro negocio de Castro: comenzó a verse en Cuba movimiento comercial marítimo, se crearon empresas de transportación marítima, en varios países con buques rentados de Banderas Griegas, Panameñas, y de otros países para burlar el bloqueo económico de EU estas empresas, movían cargas a otros países lo cual dejo, ganancias, que iban todas a las manos del gobierno cubano, y sus tripulaciones eran hombres cubanos mal pagados con moneda nacional y una ínfima parte de dolares para su consumo.

Este movimiento, de mercado que comenzó a verse en Cuba hizo sentirse a muchos contentos, viendo un pequeño cambio en la economía interna, que hizo de los marinos hombres de poder y dinero por tener este privilegio, y otros con poder de adquisición pero a precios en dólar, y excesivamente abusivos.

Esta época, de los años 89 al 93, el gobierno comenzó con una represión y control a los dirigentes de varias empresas mixtas extranjeras y locales que se fueron enriqueciendo por el contacto con la moneda fuerte, el robo y malversación de bienes del estado, creando así los negociantes de bolsa negra, o bisneros así llamado por la población.

El escape de esta moneda, comenzó por la inevitable circulación del movimiento interno de compra y venta de productos robados al gobierno, pero a un mejor precio que en las tiendas estatales. Los hijos y familiares de los dirigentes, hicieron circular, este dinero, mas las remesas provenientes de los Estados Unidos. Fue esta una de las causas por lo que el gobierno cubano decidió liberar la moneda dura, con el fin de recuperar y tomar el control de ella, ya que una buena parte, de este dinero que antes no era atención de nadie, comenzó a ser de interés y necesidad, una buena parte de este dinero cayó en manos de los jefes y dirigentes, de las empresas locales del gobierno que junto al robo, surgieron los primeros capitalistas, burgueses y millonarios cubanos, <Los Masetas>

Muchos fueron arrestados, bajo los cargos de corrupción y desvio de los recursos del pueblo, enviados algunos a prisión, otros a permanecer en sus casas, en plan piyama, y los mínimos a dirigir empresas locales de bajos recursos y en moneda nacional.

Hasta donde y cuando, los Castros seguirán abusando de el pueblo cubano, todo en Cuba que sea del sector privado se convierte en un negocio ilícito o ilegal, al gobierno no tener recursos ni materia prima para vender a los fabricantes y servicios, tampoco ningún cubano puede ni tiene el acceso a comerciar con el extranjero pues todo esta bajo el estricto control, de ellos. Yo quisiera que alguien me explique, como es que el gobierno cubano no tenía conocimiento de las transacciones, de MC tanto en Angola, Colombia, Miami, nunca en tantos años fue descubierto ni por el gobierno cubano ni por nadie en el mundo a donde fue este dinero, de la droga, los diamantes, los colmillos de elefante, las maderas preciosas, el petróleo el Oro de Angola y Etiopia.

A los Bancos cubanos, al Comercio Exterior, o al "bolsillo de los Castros." Yo trabaje en ETCO, en Panamerican, Siemens y escuchaba a los compradores, que siempre se quejaban, de no tener dinero para las compras, de importaciones, las deudas con negociantes de otros paises, eran penosas, no sabian que hacer, cuando respondian las llamadas, reclamando su dinero. Los deseos de mencionar a varios de estos empresarios y de estas empresas tiemblan en mi, pero estoy limitado para no perjudicarlos, todos tenian para ocupar estos puestos que pertenecer al Partido Comunista, recuerdo que las reuniones del Partido las efectuaban fuera de estas oficinas para que los extranjeros no los vieron, por que para estos los representantes de la parte cubana eran los dueños privados de estas empresas, por lo que el gobierno no queria dejar ver que todo era centralizado y controlado por Fidel y el gobierno.

Tantos años de todos estos negocios, por lo general enmascarados ante los EU, con empresas fraudulentas, que casi siempre eran pequeñas empresas a través de las cuales se exportaba, tabaco, azucar, minerales, pescado por ejemplo el bonito Japón le compraba todas las producciones del año, estas empresas, estaban creadas, para darle la vuelta al bloqueo de Estados Unidos, ocultando incluso que fueran productos cubanos.

60% era para Cuba, y el 40% para la parte codueña de la compañía. El salario del vendedor, o representante cubano, en moneda nacional, lo que los obligaba a robarle al gobierno cubano, yo conocí a un empresario de estos a quien le reparaba su autos que tenia una cuenta personal en otro país a nombre de un familiar.

El representante cubano, al encontrarse dentro de este mundo capitalista. ¿Como podría reaccionar?, cuando su trabajo, es remunerado en moneda nacional sin cambio ni valor en ninguna parte del mundo y que con su moneda no tenia acceso a ninguna compra dentro de su país por la falta de productos y bienes que el gobierno no vendía ni tenia, sus familias viviendo con alimentación forzada, o sea la libreta de abastecimiento, pasando vicisitudes, y necesidades. El pago que realizaba la parte extranjera a este representante, licenciado ingeniero, abogado, lo realizaba en dólares los cuales, tenia que entregar al gobierno.

A que fueron obligados, estos representantes al ser estafados por Fidel y su gobierno, tanto ellos, como músicos, artistas, deportistas, médicos, profesores etc., fueron forzados unos a la deserción del país, con grandes sumas de dinero, el robo de los productos para venderlos a pequeños comerciantes, en el extranjero transacciones a espaldas del gobierno cubano, robarle a Fidel.

Los pagos de estos negocios tenían que ser, en cash ya que Cuba no podía tener cuentas en bancos extranjeros, por que podrían ser confiscadas o frisadas por Estados Unidos, y las grandes deudas con comerciantes en todo el mundo.

Estas informaciones, se las agradezco a buenos amigos, entre los que están Altos oficiales de las FAR, ex Ministros, y dos ex oficiales del MININT, especializados en comercializaciones extranjeras y Alimport, Navegación Mambisa, y Cuba Azúcar, Cimex estas informaciones son, algunas recientes.

Cuando Cuba, por la locura y deseos de Fidel, de ser el Lucero de la America Latina, junto a los cuatreros, de los hermanos Ortega en Nicaragua, Ochoa y yo a pesar de que no dejamos de vernos cada ves que el regresaba de vacaciones u otras obligaciones, en uno de estos viajes, me mando a llamar con Ríos a su casa y después de tomarnos unos tragos, me dio $500.00 dólares, diciéndome que le comprara algo a mis hijos, que esto era un regalo. Unos días después que me lo dio, me mando a llamar que fuera a su casa que necesitaba hablar conmigo, y así lo hice, me pregunto si podía guardarle un porta folio que, seria hasta su regreso dentro de 1 mes y medio, le dije que si y ese día en la tarde mando a Ríos a llevármelo a la casa, yo lo tome, y Ríos me dijo eso es caliente, escóndelo si puedes fuera de la casa. Al día siguiente, lo lleve a casa de una tía de mi plena confianza y le pedí que bajo ningún concepto abriera ese maletín.

Pasaron, 3 meses y no me llamo mas yo visitaba su casa, para ver a su esposa y la de Ríos pero no regresaban, un buen día Ríos se presento en mi casa y me pidió el maletín, fuimos al lugar, lo recogí y salimos de regreso a mi casa, en la Avenida de Camaguey, en el reparto Casino Ríos detuvo el auto, abrió el maletín y me dio $2,000.00 dólares le pregunte, por que esto por donde viene, su respuesta fue, pregúntale al jefe yo solo cumplo una orden. Ese día en la tarde, me dirigí a su casa, a saludarlo y enseguida que lo salude me dijo, ya se a lo que vienes, coge ese dinero y con cuidado cómprale algo a tu mujer y tus hijos, a mi no me gusta estar halagando, a los hombres pero cojones, ustedes rompen las barreras de la amistad y la fidelidad.

Esto no se puede hacer con nadie en este país, tu sabes que aunque no me creas, me acuerdo de tus palabras y conversaciones, estos magnates del MIMINT, si que roban increíble, yo si tengo que estar de guardia y no puedo fallar en nada. Estos, si han sabido hacer revolución, te acuerdas que tu me hablabas de la corrupción, en los dirigentes del estado, yo si que he visto lo que se cargan.

El gobierno cubano, siempre creo una defensa para la revolución, dirigida "ya ustedes saben" por Fidel, el MININT, con el objetivo de eliminar, en el pueblo la mas mínima riqueza, por el temor que con estas puedan crear grupos guerrilleros, hacer compras de armas crear un movimiento guerreristas, con los recursos, y el apoyo de la mafia de Miami. Para esto creo los sistemas de vigilancia, que controlan los mínimos, movimiento que haga cualquier ciudadano. Estos son, la Unión de Jóvenes Comunistas, el Partido, los CDR, que son los comités de defensa de la revolución, casa seleccionada en cada cuadra, en toda Cuba, para el control y el total y mínimo movimiento contra la revolución, de cualquier persona, esto independiente a la Policía, la seguridad del estado, e Inteligencia gubernamental.

Otro de los robos, mas grandes de esta revolución, con el objetivo que antes expliqué, ha sido el cambio al pueblo cubano, de prendas valiosas oro plata platino, por artículos eléctricos de baja calidad, autos de uso Rusos, y artículos y alimentos, aprovechando, la necesidad del pueblo por no ser vendidos en moneda nacional.

Todos los cubanos, que poseían sortijas, cadenas de oro, aretes, adornos valiosos etc., acudieron a cambiarlas, por estos artículos a altos precios, triplicando la ganancia del costo, y a un cambio abusivo y cruel.

Muy pocas personas fueron capaces de darse cuenta de este vil robo, dada la ignorancia y la desinformación del gobierno donde jamás informa el cambio de moneda, ni el valor del oro en el mercado internacional. Toda, esta gran cantidad de oro, plata, platino, y piedras preciosas que no las pagaban y quedaban incrustadas en las joyas, fueron vendidas en el extranjero a bancos y comerciantes de oro plata etc. por la empresa cubana CIMEX, MC, y otras. Esta vía, fue utilizada por muchos dirigentes, altos funcionarios del país, por ejemplo, yo conocí un personaje, que cantidad de oro tuvo que dar pues el cambio que hizo, de oro en este lugar, compro auto a su esposa y dos hijos, a su querida que era a quien yo conocía de muchos años. Esto creo, una puerta de escape de divisas, o chavitos un billete creado por el gobierno, que favorecía a una pequeña parte del pueblo y cómo lograr resolver lo que escaseaba, en mi caso como muchos otros, los servicios prestados como mecánicos, albañiles plomeros, que se cobraban en dólares también se negociaba con, un equipo eléctrico, alimentos, ropa etc. Los dirigentes de la revolución comenzaron a corromperse, desde las altas esferas hasta las bajas, la circulación del dollar era la letra del día, a medida que mas personajes, e hijos de dirigentes, conocía por mi trabajo de mecánico, mas cuenta me daba que algo estaba pasando, que no concernía a la producción de Cuba ya destruida.

El dinero comenzó a fluir en la alta sociedad de los comunistas, burgueses yo estaba en Cuba, de vacaciones porque aun, tuve que regresar a Etiopia por un mes, a entrenar al chofer del nuevo jefe de misión, que relevo a Ochoa, El general Ramón Espinosa Martín, sobre los caminos para viajar en la ciudad, con seguridad y no entre lugares que peligraba la vida del jefe, mis habilidades de los lugares mas baratos para las compras, la conexión en la agencia de la Mercedes, la confianza de los jefes viejos en la misión, que poseía, con las extracciones de dinero, mas la ya cambiada honradez, que me hicieron perder, el descaro y el despilfarro de los jefes cubanos, me dedique, a comprar herramientas, ropas para mis hijos y familia, algún dólar que tome, para llevarme, y un regalo del gerente de la Mercedes que por temor a tener problemas, con la Contra Inteligencia Militar, la CIM no acepte antes de irme. Un día en la mañana, visite la agencia Mercedes y fui a la oficina del Gerente Alemán que no tardo en ofrecerme nuevamente el regalo, que quiso hacerme la vez anterior, me convido nuevamente a su casa, y acepte al día siguiente fui a la cena, y pasamos un rato, cenamos y tomamos unas copas.

Al retirarme me dio un sobre dedicado, para mi y dentro la suma de ¿5,000.00 dólares como un regalo por los innumerables negocios que le proporcione en piezas, y reparaciones.

A mi regreso a Cuba, la economía parecía que comenzaba a levantarse, los hijitos de papa, los dirigentes que yo le arreglaba los autos, y a los que no quiero comprometer mencionando sus nombres, por que aun viven en el infierno, y que ellos si algún día leen este libro se acordaran de César el mecánico.

Altos jefes de las FAR y el MININT, ministros y vise ministros, a los que veía diariamente, en la buena vida, el derroche, las compras en las tiendas de Cubalse desde piezas hasta equipos de música, llantas de lujo etc., fue una subida pero de la cúpula dirigente y sobre todo del MININT, los hermanos que dominaban la MC se vieron llenos de dinero sus casas bien decoradas, sus ropas modernas y de marca, todos sus empleados, con autos y motos, embarcaciones de pesca y placer la mejor vida, al estilo Americano.

Los grandes negocios en Costa Rica, Santo Domingo, que yo escuchaba hablar a ellos, además mandar a buscar piezas para una moto Honda 500 CBX que le gustaba al coronel R C con el hermano que era correo diplomático en Francia el costo de estas piezas, llegaron a $7,000 dólares fui yo quien ensamblo y pinto esta moto. Los favoritismos, que les propicia el Gobierno a todos estos oficiales, vestidos de civil, en buenos autos, en buenos restaurantes de moneda convertible, acceso a las tiendas para extranjeros, toda su familia viviendo, el sueño americano en Cuba y sin trabajar, y todo esto de espaldas a los abusos que cometían con el pueblo, hasta burlarse de las condiciones de vida y figurando una clase social superior. Fueron tantas, las oportunidades que yo tenia para ver, la mentira que embalsamo, al pueblo cubano y que hoy, agradezco para poder desenmascarar a todos los que jamás pensarían que yo ¡haría un libro! Que le diría la verdad al mundo.

De todos estos señores, me favorecí, como ellos tenían dólares, tenían que pagar mi trabajo y conocimientos en sus autos y motos, por lo que podía comprar alimentos, para mis hijos y con ellos mismos conseguía que me llevaran a las tiendas prohibidas para el pueblo.

La otra difícil tarea era cuidarme de la forma de vida un poco mejor que la de los vecinos y la policía de mi barrio, por la represión y persecución por robo y desvió de recursos del estado. En Cuba la ignorancia de la población el miedo por la represión policial y política que perdura por años hace que a cualquier persona que vean en autos buenos o modernos lo vean como un agente de la seguridad del estado, o policía encubierto al yo frecuentar mi casa con autos Mercedes, de extranjeros y diplomáticos tuve para algunos que no me conocían esta apariencia lo que, me resguardaba, de los chivatos, envidiosos, de los Comités de Defensa de la Revolución y la Policía. Con estas relaciones logre hasta conseguir, donde almorzar gratis, en una de las oficinas de MC que se encontraban en 7 y 62 en Playa, ya que el padre de un coronel que pertenecía a esta, era el cocinero de estas oficinas, donde la comida era de primera clase, la que no tenían los cubanos en sus mesas, y que cada vez, que yo comía allí, pensaba en mis hijos si habían o no almorzado. En este lugar comían todos los oficiales de MC y amigos de estos, que en su mayoría eran administradores que dirigían, alguna empresa del gobierno, en la que ellos se beneficiaban con algún tipo de artículos, muebles, ropa, bebidas, gasolina, piezas de autos en fin. Estos señores, eran ricos sin tener que trabajar, ni heredar, simplemente un buen puesto por pertenecer a la cúpula de Fidel de Raúl del ministro tal o cual. Así, comencé a ver, y conocer a estas personas, como se diferenciaban de los cubanos normales, donde quedaba la igualdad que me adoctrinaron desde el triunfo revolucionario era lo mismo, que conocí y viví en mi infancia con los ricos y personas de clase media, y los mismos abusos corrupción y robo de los gobernantes, que el derroco, con la diferencia de que en aquella época se podía llegar todo dependía de el esfuerzo y la inteligencia de cada persona. Nunca Fidel se ha detenido de criticar al gobierno del General Batista, que hizo de Cuba una Suiza, al levantar la economía de Cuba convirtiendo al país, en el mas, desarrollado de America Latina.

Fidel Castro, ha cometido muchos mas crímenes que todas las dictaduras anteriores en Cuba. Fidel Castro jamás acepto, que el gobierno que el derroco, se defendiera, de su malvado comunicastrismo, que destruyo la isla de Cuba, la moral Cubana de varias generaciones, asesinar a cuanto se le atravesara en su camino y convertir al cubano que nunca emigro, en emigrantes, desterrados, pobres, ladrones, por 52 años.

Cuando yo visitaba las casas, de estos oficiales y dirigentes, y las empleadas de las casas cocinaban, los olores que salían al garaje de los autos, donde realizaba los trabajos por la cantidad y calidad de las especies con que cocinaban, mientras el pueblo no tenia ni sal para sus alimentos. Son crímenes lentos y sicológicos, pidiendo a un pueblo, durante 50 años, sacrificio, esfuerzo, limitaciones, escasez, enfermedades curables y por la ausencia de medicamentos morir, niños, mujeres, y ancianos, hombres cumpliendo condenas por poseer 5 o 10 dólares, o tener alimentos y productos que ellos si pueden tener, la tenencia de carne de res es ilegal y su condena se eleva a 20 años en prisión.

La increíble represión de la policía, los delatores en los barrios por años y años, es en Cuba el terror diario de la población, ningún otro ciudadano en el mundo se podría imaginar que esto puede suceder en Cuba, no tener la libertad, de que con su trabajo, obtenga el dinero y que pueda comprar, lo que usted desee, viajar en el mundo, comprar propiedades, tener auto, embarcación lo que usted desee, esto es la libertad de Castro.

<Una anécdota, de la sencillez y humildad de Ochoa>

A fines del ano 1979 en Etiopia, Ochoa es invitado a una recepción en un hotel de lujo, El Guion, en la ciudad de Addis, con todo el cuerpo diplomático, ministros y el presidente Cuando salgo, que me voy a montar en el Mercedes, Ochoa me dice oye, ponte un traje mejor, yo me había puesto un traje, pero no era de una calidad, presentable para la ocasión, regrese y me puse otro traje un poco mejor, cuando casi ya estábamos llegando nos dice a R y a mi, parquea detrás de los Mercedes en el valet parking y bájense conmigo, se sientan a mi lado, en las mesas del Banquete, le dan la mano a todo el que me la de a mi y no se muevan de al lado mío.

Un Banquete de presidentes, y Diplomáticos realmente esto es, una anécdota que intercalo, en el paso de mi libro para que no se pierda el hilo de mi exposición sobre el carácter campechano de Ochoa su simpleza y sentimientos para con sus subordinados. Lo normal, es que el chófer, permaneciera en el parqueo, hasta que la recepción terminara, con hambre, con sed, como quiera, este tipo de acción de Ochoa, era criticada por todos los demás oficiales de las FAR, y muy pocos la repetían, por esta actitud alcanzo, la fama que ningún otro oficial haya tenido entre la tropa, por no decir el ejercito cubano, estas hermosas acciones, de Ochoa les pueden servir para ir entendiendo, que a Ochoa el cansancio, de una vida entera de sacrificios mas la unión con estos corruptos hermanos de la Guardia son la potente prueba que tengo de su inocencia, y los cargos imputados por la plana mayor de estiércol, e inmundicia, que dirige la Revolución.

La unión de los generales del MININT, con Ochoa, y las FAR que comenzó en Nicaragua y culminó en Angola, fue comenzando a desequilibrar y cambiar el formato, su personalidad y sentimientos, cambió de ser un hombre austero, humilde, sencillo, lo contrario de una buena parte de los oficiales a su alrededor y del primer violador, de todos estos, principios implantados, ¡Fidel!

Que pudo hacer, un campesino, que comenzó a tener poder, medios que nunca tuvo y jamás conoció ni disfruto, que pasaron por sus manos, miles de dólares, sin poder utilizar, sabiendo, que había realizado acciones de combate, que lo pudieron convertir en millonario, propuesta de Menguisto H Marian presidente de Etiopia, cuando le propuso que no lo fusilaran que lo dejaran irse a Etiopia.

Cuando el observó, a su lado hombres que no habían hecho, la mitad de sus sacrificios por la Revolución, que no habían tenido una vida de riesgos ni de sacrificios, y que estos, gozaban de beneficios especiales buenas casas, autos, y mucho mas, ¿Qué hubiera hecho usted? Yo, fui testigo varias veces de ver a una de sus hijas Y o D, le tenia que dar Botella, ray, aventón por que las veía en la quinta avenida de Miramar parando autos, para llegar a su centro de estudios, las recogía y las dejaba en su escuela, esto sucedió, cuando ya ni trabajaba con el.

Una de las ultimas veces que hablamos, en la puerta del garaje de su casa, fue a principio del año 1989 y por su forma de hablar me pareció un poco preocupado, cuando me dijo, no puedo ni hablar dentro de la casa, mi impresión fue de asombro por que yo no estaba, al día de los sucesos de Angola y jamás me imaginaria que tuviera el mas mínimo problema, me enfatizo con el tema de que estaba cansado, esto ya me lo había comentado en otras ocasiones, y al final de cuenta me siento como que después de esta misión, voy ha ser uno mas del grupo, todo mi sacrificio, ha sido en vano.

La unión, de el con los hermanos La Guardia, Abelardo Colome, <Furry> el general José Abrantes, y otros Generales del MININT, me pareció como que le abrieron los ojos, aunque el había tenido conseciones y privilegios, esta gente del MININT tenían el poder y las fuerzas, los rollos de dólares que esta gente gastaban en Angola en fiestas, orgías, y bienes personales, eran de contar. Estos hombres, tenían otro estilo de vida, estaban embarrados hasta el cuello, los sucios negocios a los que se dedicaron, le produjo a la cúpula, y al gobierno, miles de dólares los negocios de Panamá, y otros que el presidente Noriega, autorizo, como las oficinas fantasma que mencione anteriormente, y que centraron parte del negocio en las remesas de dinero, viajes a la isla por terceros países, por altas sumas de dinero, tratamientos médicos y cirugías a personalidades del mundo, y otros negocios, en America Latina, en Miami, y en Madrid. Por ejemplo en el centro de Madrid España, hay 2 restaurantes de comida cubana, mojito, y bebidas cubanas como Habana Club, Ron Varadero Tabaco Cubano Cohíba, Monte Cristo etc. Mi esposa y yo, estuvimos en Madrid y un primo de mi esposa, nos invito a comer en uno de ellos, Doña Tomaza aquí trabajan solamente cubanos, que son contratados en Cuba, y les pagan un salario en Euros, con un contrato por 6 meses o un año. En este restaurante, existe una seguridad con las características de los segurosos cubanos, 6 pies de estatura el sombrero de paño, y al mínimo desorden de alguien pasado en tragos, lo expulsan a la calle sin consideración ninguna, supe por uno de ellos, que este restaurante era propiedad de Fidel, las paredes llenas de pancartas de Fidel cortando caña, el Che Guevara en su característico cuadro de la boina, legendarias consignas de Fidel, un rincón como para que le caiga mal la comida, y de postre unas buenas DIARREAS.

Otro de los días de estancia en Madrid, fuimos al otro restaurante con el nombre El Tocororo, este ya estaba mas discreto, no tenia mucho de la revolución pero siempre algo de personajes, artistas, y dirigentes cubanos que lo habían visitado. El mundo, es tan pequeño, que me sucedió algo inesperado, en la pared del restaurante colgaba un afiche de un gran amigo y cliente de Cuba, el primer bailarín del Ballet Nacional de Cuba Lázaro Carreño Viñas, cuando comento de mi amistad con el me cuenta que este amigo, común había trabajado allí limpiando vasos, platos y mesas, me quede sin palabras, miren para lo que queda un artista de fama mundial, en la dictadura de Fidel Castro.

Continuamos conversando, y el dueño de este restaurante me comentó que la carne de puerco que se consume allí es de Cuba por que en los vuelos de Cubana de Aviación a Madrid su madre que vive en Artemisa un pueblo a la salida de La Habana en Cuba le envía la carne, el vinagre y las especies para la comida mantenga el sabor cubano, esto para cualquier persona que vivió o vive en Cuba sabe perfectamente que es imposible que ningún cubano normal o de a pie pueda hacerlo, esto solo es posible a un alto nivel de gobierno, y de los dirigentes por lo que confirmó aún más mis sospechas.

En un viaje también que realice, a Cancún Méjico, en un Hotel de la Cadena RIUS, entre a una tabaquería y comencé a conversar con el dueño ya que su acento de cubano no lo podía ocultar, era de Santa Clara provincia central de Cuba.

Después de varios temas sobre, los tabacos cubanos me explica que trabaja únicamente para la venta en los hoteles de esta cadena y para la venta por encargos de fumadores en el mundo, clientes exclusivos millonarios, presidentes, y altas figuras del mundo.

El administra esta tabaquería, me comento que el tabaco, que allí se vende lo cosecha, el hijo de un campesino amigo de Fidel, de Vuelta Abajo Pinar del Rió, estos tabacos por el bloqueo de los Estados Unidos no se puede comerciar, y me explico que son llevados de Cuba a Santo Domingo por avión en equipos que conservan la calidad a un 100%.

En los cayos de Miami, también hay un tabaquero famoso, que tiene venta de tabaco, en una tienda donde se tuercen los tabacos, este tabaco es totalmente cubano.

En un crucero, que fui con mi esposa en el 2009, a Cozumel Méjico fui a tomarme un café, durante la estancia del crucero en los cayos de la Florida, entre en una tabaquería, compre un tabaco y me senté, En un bar, a disfrutarlo en la salida de la tabaquería, observando la ceniza blanca, la circunferencia del quemado de este, mas el perfecto, y agradable aroma, indiscutible del tabaco de Cuba, se me acerca un hombre, trigueño como de unos 50 años, y me dice se ve que te gusta el tabaco, lo miré y me dí cuenta que era un cubano, empezamos a hablar de Cuba, de Pinar del Rió, muy conocido por mi, ya que el padre de mi esposa es nativo de esta provincia en Cuba, hablamos pero no nos identificamos políticamente, con las palabras entrecortadas, me comento que la materia prima por el usada, era Dominicana, pero lo mire a la cara con mirada de no me engañes el se dio cuenta que no le creí, y con mucha astucia acepto diciéndome que la capa de los tabacos era cubana pero la tripa no, no discutí con el pero quede convencido de que ese tabaco que el vende allí es Cubano.

"Algunos negocios mas de Cuba"

Me comento un amigo de la infancia, en una ocasión en que nos encontramos y que por las razones de haber estado yo vinculado con Ochoa y verme siempre, en muchos lugares del MININT donde yo prestaba servicios a los autos, eso se prestaba a que me tuvieran confianza, de conversar conmigo algunas cosas que otros no pueden saber.

Este amigo, que su familia siempre fue integrada a la revolución, pues un tío de el fue un gran dirigente del gobierno, como ya comente cuando tenias un familiar en la cúpula tenias los mejores empleos, tan es así que el hermano de él estuvo implicado en la causa de la droga y al ellos pertenecer al departamento de Tropas Especiales, prestando servicios en MC, fue condenado a 25 años de prisión me comentó al reencontrarnos que el poseía un buen empleo ya que estaba de hombre rana o sea buzo, prestando servicios de un pelotón especial que viajaba mucho, que los contrataban para servir de guarda espaldas, o de seguridad personal que el escoltaba a personajes de varios países que realizaban buceos de placer, que estos servicios eran contratados en las oficinas de

MC en Panamá, pagando buen dinero y que a el le pagaban en dólares, siempre estaba en buenos hoteles, y viajando, yo si conocía de que el recibió buenos entrenamientos policiales, en Checoeslovskia, Rusia, y otros países.

Estas libertades, y alta confiabilidad jamás le fueron dadas a las FAR, eran sumamente secretas solo Fidel, Abrantes, Antonio de La Guardia y su tropa conocían de esto, había que ver la gran diferencia entre estos personajes, la forma de enmascarar el Standard de vida de ellos vestidos de civil con ropa de marca, zapatos, sus casas con todas las comodidades de un capitalista, Abrantes, tenia LADA auto ruso, pero con motor de Alfa Romeo, para que no viera el pueblo su supremacía, todo estos datos el pueblo no tenia conocimiento, pero si les exigían sacrificio y austeridad.

La diferencia entre un coronel de las FAR y uno del MININT es asombrosa e incomparable, el oficial de las FAR, su medio de transporte, puede ir desde una bicicleta, el bus que no existe, una botella, ray o aventón esto realmente es penoso.

A Ochoa, Raúl no le agradaba, Ochoa simpatizaba y vivía admirando a Fidel, siempre eran sus comentarios, a pesar de llamarlo viejo loco que no lo hacia ni por burla ni ofensivamente es en la fraseología cubana que puede entenderse como guapo o valiente.

Yo estimaba a veces por análisis hechos que Raúl Castro tuvo momentos de preocupación por la fama, simpatía de Fidel, condecoraciones y guerras a que Ochoa fuera su gran rival, yo tuve entendido que a Ochoa lo querían ascender a General de cuerpo de ejercito, y realmente la mano de Raúl tuvo que ver con que se cancelara o detuviera este ascenso, los ascensos de grados de general de brigada a división a Ochoa, fueron una secuencia casi sin espacio de tiempo, Raúl Castro ha vivido siempre bajo la amenaza de ser sustituido, su alcoholismo fue una de las causas más fuertes, escándalos familiares y dentro de la cúpula, ocupo las mentes de muchos. Un medico a quien yo le atendía su auto, trabajó en la adicción de Raúl Castro, no dejaba de comentarme, de lo antipático de su carácter.

Palabras textuales de Ochoa, 9 de diciembre de 1979, Addis Abeba casa del americano [No existe en mi mente, ni la envidia, ni el odio, ni el rencor, después del triunfo de esta guerrita del Ogadén, el Ministro, se refería a Raúl, todavía no me ha felicitado. Su comentario fue bien caliente para yo escucharlo y en aquellos momentos no significaban nada, pero ya varias expresiones de el para el ministro no fueron muy halagadoras.

Su jefe, era Fidel, ya la posición de Ochoa los privilegios con Fidel y sus grandes meritos y triunfos en guerras, lo hacían sentirse con poder, a sentirse jefe de jefes y su mentalidad, mas los galardones recibidos, le daban una gallardía superior.

Para que se tenga una idea, de lo que quiero exponer, sobre la inocencia de Ochoa antes de unirse a la Mafia de MC, es que los recursos que pudo manejar por sus meritos y confianza con Fidel, son las que cientos de oficiales habían querido tener, Fidel Castro es un hombre, autosuficiente, arrogante, terco y de malas pulgas, es desconfiado a la máxima potencia, por lo que muy pocas personas son aceptadas por el, toda esta información la escuche de una mujer, que lo odia, lo desprecia y aborrece por dolencias de amor, que sin equivocarme es la mejor fuente de conocimiento de el carácter y la personalidad de cualquier hombre en la intimidad. La excesiva confianza que Fidel le dio a Ochoa hasta dejar que lo tuteara hizo que jamás pensara, que Fidel se convertiría en su enemigo hasta el punto de matarlo.

De todos los cubanos es sabido que la seguridad e inteligencia de Fidel no cree en nadie que entre ellos mismos se vigilan unos a los otros, sus movimientos, lo que tienen lo que hacen y pueden estar convencidos, que cualquier acción o movimiento de Ochoa, relacionado con recursos y bienes para el uso personal, desde el ministro Raúl Castro hasta los simples oficiales lo hubieran sabido.

Ochoa llevo a Cuba, la Mercedes 450 SL la que yo compre en Etiopia, ustedes creen que con los envidiosos que tenia Ochoa, a su alrededor y desesperados por la mínima falla para acabar con el, si esto lo hubiera hecho a espaldas de Fidel, se lo hubieran permitido.

Se entiende que, Ochoa se convirtió después de Etiopia en un héroe no solamente de Cuba, también de África, Ochoa siempre criticaba, los privilegios, que gozaban los oficiales del MININT, y que las FAR nunca los tuvo.

Lo que expongo a continuación préstele atención, para que sepa, el porque del titulo del libro, y su atrevido contenido, que dejo plasmado para la historia.

-Palabras textuales de Fidel Castro dedicadas al General Arnaldo Tomas Ochoa Sánchez por motivos de una de sus condecoraciones.

La vida del compañero Arnaldo Ochoa Sánchez es un vivo ejemplo de las cualidades y los meritos por los cuales hombres, del mas humilde origen se han convertido en dirigentes o jefes que cultivan auténticos rasgos de modestia y sencillez y gozan de la admiración, el respeto y el cariño de las masas. Fidel

Un hombre como Fidel Castro solo halaga a los hombres después de su muerte, jamás aceptaría a que nadie, este por delante de el. Cesar.

—Palabras, de Fidel en una entrega de otra condecoración.-

En adversas y difíciles condiciones, el compañero Arnaldo Ochoa Sánchez ha cumplido con singular espíritu de sacrificio varias misiones internacionalistas, dando muestra de su firmeza ideológica, valentía y talento al servicio de la causa de la liberación nacional y el socialismo. Entre estas misiones figura su brillante actuación como jefe de las tropas cubanas en Etiopia, que secundaron la resistencia y el heroico combate de las fuerzas armadas y las masas etíopes contra la intervención extranjera. Fidel

No puede un hombre terco, que se admira a si mismo, sin amor ni respeto al prójimo, reconocer, la valentía y el heroísmo de otro hombre ni aun, siendo su hijo. Cesar.

—Otras palabras de halagos para Ochoa.-

El General de División Arnaldo Ochoa . . . constituye un merecido reconocimiento a sus meritos y un estimulo para todos los luchadores, cuadros, militantes revolucionarios, todo nuestro pueblo que ve sintetizadas sus propias virtudes de superación y heroísmo en sus hijos mas abnegados y valerosos. Fidel

Lamentablemente, el dicho de Ochoa "La verdad es para no decirla" cabe perfectamente en estos hechos, los principios de un hombre, no cambian en 2 ni 3 años, su conducta, su crianza, un hombre que tenia, la vida totalmente garantizada, tanto en Cuba como en cualquier otro lugar del mundo, único Héroe de la República de Cuba, e hijo prodigo de F Castro. Con muy pocas evidencias, tenemos la acusación para Fidel Castro de su segura participación, en el narcotráfico.

El fusilamiento de Ochoa, confirma, no traición, si no heroísmo y fidelidad, al inmolarse, aunque no puedo decir lo mismo, de los otros 2 oficiales asesinados Antonio de la Guardia y Amado Padrón. Un juramento a la revolución, y a Fidel, de cargar con la responsabilidad, si estas maniobras quedaban descubiertas.

¿Qué paso con M?

Las ordenes, que Martines recibía no eran parte de nada que el gobierno no supiera ni que eran dadas por Ochoa, a sabiendas, que pudieran terminar en problemas.

Cuando comenzaron las investigaciones de este caso, a M lo citó la contra inteligencia, la CIM a una casa de esta institución que esta exactamente debajo del Puente Almendares en La Habana, según sus propias palabras le dijeron que estaría allí 2 o 3 días porque querían que escribiera con puño y letra, todo lo que concernía a Angola, los negocios de la Candonga, y la supuesta entrevista con Pablo Escobar, todo lo que nadie sabia, solamente los 5 que mencione anteriormente, y que M sólo cumplía las ordenes que a el le daban.

A M le aseguraron que a él no le sucedería nada en absoluto, después de este interrogatorio fue puesto en libertad bajo juramento de que esto era secreto de estado, con chequeo 24 horas al día por la CIM, al menor movimiento lo volvían a detener. Ríos y yo tuvimos la oportunidad de conversar con él y que nos contara todo lo sucedido.

Sus declaraciones, fueron tomadas para comenzar el show, con las lagrimas del Ministro Raúl Castro que tiene facilidad para llorar, por su enfermedad alcohólica y de amaneramiento, después vinieron todos las anécdotas de oficiales, unos por envidia, y odio, y otros cuidando su posición en el gobierno, con la actuación de la Bedet Juan Escalona Reguera quien en pocos segundos no tardo en aplastar y destruir las imágenes de los oficiales acusados, acompañado de la cúpula acomodada, y oportunista de oficiales, a quienes fueron asignadas las acusaciones, pero a su vez les servía de advertencia para que no cayeran en errores porque Fidel Castro no cree en lagrimas. Algunos de estos oficiales estaban seguros de la mentira con que los estaban acusando, otros tuvieron que esforzarse para culparlo, el objetivo fue lograr la culpabilidad, de estos hombres para quitarse los ojos de los Yankis y el Mundo, ante estas acusaciones.

Los cubanos, emocionados por el carácter de honestidad y justicia de la revolucion de Fidel, comenzaron a inflar versiones y bolas, de todas, las acusaciones de que fue victima Ochoa, que poseia, varias casas, autos, fincas, yates, y otras propiedades, que se convirtió en un narcotraficante, que su mancion en Cuba estaba tapizada con maderas preciosas, en fin, de todo lo que había salido mal durante 30 años de Revolución, la culpa era de Ochoa.

Es necesario, para que se den cuenta de la macabra inteligencia del gobierno cubano, que cuando necesitan cambiar una ley, medidas de conveniencia para el gobierno, recortes de alimentos etc, ellos poseen un organismo especial para, comentarlo en la calle en la cola de un mercado, de una tienda, en la panaderia, esto es efectuado, por un hombre del mismo barrio, que les informa después sobre la reaccion del pueblo, con el % de aceptación a favor o en contra calculado, para imponer la medida o ley.

Esto mismo, realizo el gobierno para el castigo, a estos oficiales que traicionaron a la revolucion en el narcotráfico, el pueblo tenia que apoyar la culpabilidad de estos oficiales, por lo que otra de las bolas, fue que Ochoa estaba preparando un golpe de estado a Fidel, que Ochoa iba a utilizar la siempre admiracion del ejercito occidental, para tomar La Habana y Pinar del Rio, con un gobierno, que dirigiria dividiendo la isla, para después invadir al ejercito central, y continuar hacia Oriente.

En el intervalo, de la escena del llanto del ministro Raul, una tarde en pleno proseso de la causa # 1 fui a casa de la madrina de Ochoa que quedaba en el parque de Juan Delgado por el comité militar, y estuvimos conversando en la cocina de esta antigua casa, yo no queria preguntarle nada, por que ya M me habia hablado y supuestamente para el yo no tenia información sobre lo que estaba pasando. Cuando me fui a retirar, me dijo con mucha seguridad, no te preocupes, que yo siempre he salido de todo, y seguido me dice, sabes que tengo dos hijos, aparte de los tres de sangre, los otros 2 son Ríos y tu, nunca me imagine que tendría tan buenos soldados y amigos, he tenido otros, pero como ustedes, no existirán nunca.

Rápidamente le pregunto, como para lograr que me dijera algo y me respondió con un movimiento negativo de su cabeza, cuando el respondía así era, no me hagas mas preguntas, yo conocía sus manías de buena y de mala educación, por el cotidiano trabajo de casi 3 años, estuvo pensando por unos segundos y me dijo.

Todavía no me voy, quizás podamos vernos antes, estamos en comunicación, si no me ponen, QRX esto quería decir en radio, mala comunicación por mal tiempo o tormenta pero yo entendía que se trataba de que le podían, intervenir las llamadas de teléfono.

Le di un fuerte abrazo, y el a mi, un apretón de mano correspondido por mi, el siempre decía que {el hombre que no te apriete la mano, cuando te salude considéralo un enemigo}.

Subí al Mercedes de los gallegos donde yo trabajaba, y me fui preocupado, no por nada de lo que hablamos, pero lo del teléfono me llamo mucho la atención, yo creo que me estaba alertando de algo, que yo no debería saber o que debería alejarme de esto.

Salí de allí, y me dirigí a casa de Ríos y subí a su apartamento, enseguida que entre Ríos me llamo al cuarto de el, el ultimo de su apartamento por que en el apartamento del lado, vivía un muchacho joven que era de la inteligencia del MININT, y pudiera oírnos, me comento que un amigo común, estuvo en su casa y le había dicho que cogieron a Antonio de la Guardia y a Ochoa en la quinta avenida, exactamente en la Estrella, lugar así llamado cerca de la unidad de Tropas Especiales, y que a los dos le habían puesto prisión domiciliaría, la idea de ellos era la de irse en algún barco, para EU ya que Tony tenia el poder de entrar y salir, cuando quisiera en tropas especiales, el fue jefe en este departamento del MININT, pero los gorilas del chequeo, los cogieron.

Al día siguiente, recibí una llamada en mi casa de la esposa de Ríos que se lo habían llevado detenido, explicándome que fue saliendo yo de la casa, la noche anterior, y que no sabia nada de el.

Esa misma noche, nos dirigimos a ver a Ochoa, a la casa de la madrina, donde se encontraba detenido y cuando ya nos íbamos, me dijo las cosas no me salieron bien, lo que me confirmo que quiso escaparse, pero no lo logro.

Con el brazo descansando en mi hombro me dijo, sube la mirada a la ventana de estilo Miami que esta arriba y observa cuando caminemos el brillo del lente de la cámara que me tienen puesta, para observar mis movimientos, estoy embarcado, a Ríos no le va a pasar nada, seguro lo sueltan mañana o pasado, si no nos viéramos mas vive, convencido que tuviste un buen amigo, y que yo tuve unos buenos amigos a Ríos y ti, hasta para morir me han sido fieles. Las ultimas palabras que escuché de él, fue cuando me detuvieron en la CIM y su celda estaba junto a la que me colocaron. Días después comenzaron los juicios de los que no me perdí ni un solo detalle.

No he conocido, de un libro que hable claro, sobre el sistema de Fidel y su Revolución aunque, los Estados Unidos, es un país en que la libertad de expresión es legal.

Lamentablemente, los escritores no escriben libros, que expliquen y detallen el dolor, la represión policial y sicológica que ha utilizado el régimen dictatorial, de Fidel Castro con el pueblo, y los obreros. La mayoría de los escritores son personas con un alto nivel social e intelectual, escriben sus libros con palabras sofisticadas que resultan incomprensibles para la gente del pueblo, los obreros, personas no tan preparadas y cultas, por esto es que pienso categóricamente, <la ignorancia en los pueblos, es el camino a la esclavitud.> Un claro ejemplo, es actualmente el pueblo de Venezuela, que la mayoría de la clase baja, ignora las consecuencias de este sistema y sus resultados, los menos afortunados y los pobres, deseosos de cambiar sus vidas llenas de escasez y vicisitudes por esperanzas y sueños que por años han tratado de alcanzar, sin resultados, han caído en la trampa de estos hábiles e inescrupulosos hombres, que aprovechando esto y manipulando los pueblos, sumado a la falta de información y conocimiento de este obsoleto sistema, ya implantado en otros países sin resultados, como lo fueron los países socialistas que después, de 70 años han tenido que deshacerse del infernal comunismo. Ahora con el odio implacable al sistema capitalista y a lo Estados Unidos, Fidel Castro y Hugo Chávez dos monstruos llenos de ambición por el poder y la fama tratan de llevar este cáncer a otros países latinoamericanos.

Que hombre pobre ni analfabeto, ha podido escribir, un libro de su vida de las vicisitudes, y abusos, publicando, la terrible e inhumana, pandemia de la pobreza y que aun en pleno siglo 21 estos señores quieren implantar. El comunismo solo trae a los países el atraso, la escasez el centralismo, y la privación de los derechos humanos, la falta de libertad y la violación de las leyes y constituciones. Esto es todo lo que puede esperarse, en los países en que se implante, yo tengo la esperanza de que antes que Chávez destruya a Venezuela el pueblo abra los ojos y lo detengan. Fidel ni lento ni perezoso ayudó inmediatamente a Chávez en tan absurda aventura, enviando médicos, asesores militares, y otro tipo de asistencia, que es intercambiada por petróleo que es la mayor de las necesidades de Cuba, en su economía.

Por lo general el cubano que pisa Venezuela, ya no es comunista, muchos van obligados para proteger su profesión, obligados por disposiciones del régimen en pago a sus estudios universitarios como, en el caso de los médicos y personal de la salud, en general, estas también aceptan estas misiones para obtener unos dólares, útiles y bienes personales como equipos eléctricos, colchones, y otras necesidades, que por más de 40 años en Cuba no se venden a la población. Los militares, no les queda otra opción aunque algunos sigan siendo comunistas, que les aseguro que son pocos, en su mayoría saben que cuando van a Venezuela, se benefician al igual que los médicos y otros. Ninguno de los cubanos, puede hablar con ningún Venezolano sobre la realidad del sistema, ni su fracaso, por que los resultados, serian funestos.

Los que vivieron bien con Fidel, y ahora son exiliados:

En los últimos años, ha acontecido un tipo de emigración que por x razón, nadie le ha puesto atención, y de la cual yo discrepo, por tener la desdicha de conocerlos a profundidad, producto de que en Cuba fui mecánico de sus autos, lo que me daba acceso a relacionarme con ellos visitar sus casas, y ver su nivel de vida. Hablo de la nueva emigración silenciosa que poco a poco, se ha introducido en la comunidad cubana del exilio. Son señores que, después de apoyar al comunismo, sirviéndolo e instruyendo al pueblo imponiendo la doctrina Marxista de realizar sacrificios, odiar y repudiar al imperialismo, ahora resulta que estos señores oportunistas, corruptos y sin valores humanos, son perseguidos políticos y asediados por Fidel y su dictadura.

Cuando ya no quedo, de donde sacar ni seguir robando, viviendo en la grandeza, saqueando, reprimiendo y acosando al pueblo junto al sistema, después que dejaron en ruinas nuestra patria, por la mala dirección de empresas e industrias debido a la falsedad de sus títulos y mala preparación escolar y profesional, pues en Cuba con solo pertenecer al Partido Comunista era suficiente para ser colocado en la dirección de industrias, empresas o ministerios. Entonces ahora se exilian en los Estados Unidos, para hacerse las victimas de persecución por el gobierno cubano, engañando al mundo nuevamente con mentiras y acusaciones, logrando así continuar sus vidas de burgueses, ofreciendo entrevistas y escribiendo libros con falsas historias, y acusaciones.

Han venido también muchos de ellos a vivir de los beneficios del seguro social, y no trabajar, disfrutar del país al cual han criticado, repudiado y despreciado, disfrutar de los beneficios y privilegios con el sacrificio nuevamente del pueblo emigrante cubano, que ellos mismos agredieron, y reprimieron creando y apoyando al régimen castrista.

¿Por qué, los políticos cubanos, las organizaciones anti castristas, no han tomado cartas en el asunto?, todos estos señores reprimieron, golpearon, robaron, y sobre todo integraron las filas del partido comunista, todos vivieron a costa del sufrir del pueblo cubano, porque no fueron controlados por las leyes federales de los Estados Unidos para entrar al país, como me hicieron a mi y a todo el que emigra a este país.

No los señalare con nombres y apellido, no por temor si no porque ellos mismos al leer mi libro o escuchar mis comentarios, sabrán que son ellos, la mayoría de ellos se han infiltrado por fronteras, aprovechando la ley de ajuste cubano pies secos pies mojados, pero no han dejado de ser comunistas, ni asesinos.

El mundo es pequeño, y la vida a veces trae sorpresas, desagradables e inoportunas que nunca esperamos, hablare de algunos de ellos para que sepan que en la vida, uno no sabe de donde, saldrá alguien que sepa y pueda testificar, la verdad de lo que hicieron y que piensan que jamás nadie pueda delatarlos.

138

<Quiero decir ante todo y para especial información, que no poseo un centavo y que estoy enfermo, lo que quiere decir que no tendrán ninguna manera de demandarme, en caso de que se sienta una similitud con estas historias hechas en el libro, mi dolor y sufrimiento de haber perdido, la única oportunidad de vivir, de desarrollarme, tener un futuro cómodo solo con mi trabajo sin tener que abandonar lo mas querido la Patria, mi familia y amigos obligándome a emigrar, si es para ustedes totalmente demandadle un crimen, de lesa humanidad.>

— Del primero, que quiero hablar es de el Sr. D, un supuesto ejecutivo del gobierno, entrevistado por ME periodista de TV, que solo es un mentiroso, parlanchín y oportunista, abusador y despreciable delincuente del Nuevo Vedado en la ciudad de La Habana, y que aprovechando la amistad con los hijos de A, y de otros altos oficiales de las FAR y el MININT, integró los pandilleros de Nuevo Vedado, gozando de buenos puestos en el gobierno, privilegios de alimentación, buena ropa, viajes al extranjero, regalos y beneficios que los obtenía, haciendo el papel de sumiso, y bufón de todos los jefes, fiestas, orgías, abuso de sexo a menores de edad, por simples regalos de $1.00 dólar, al tener el acceso a tiendas de divisas y mas. ¿El ROLEX, que tiene puesto, se lo compro el pueblo cubano, por que el nunca fue productivo en nada, piensa que pasara inadvertido volviendo a engañar a los hombres, todo lo que gozo en Cuba y robo, era el fruto del trabajo de 11 millones de cubanos. En las entrevistas en que lo he visto, no ha dicho nada, de importancia, saber donde esta la zona 0 trayendo un mapa de satélite, no significa nada en especial, cualquiera en este país tiene acceso a esto, el pentágono, y la CIA probablemente filtra las casas, de Fidel y de todos los dirigentes cubanos defecando.

Por que no habla de su participación, frente a la oficina de intereses, en los actos en que participó, las redadas contra disidentes. Que gusto me da denunciar lo que en Cuba, tuve que callar, las mentiras televisivas que has dicho, no te sirven para ocultar tu participación y apoyo del crimen que fuiste participe, solo recuerda como disfrutaste de todo lo que tuviste, y que miles de cubanos, no podían tener el hambre y las limitaciones de mis padres e hijos, estarán presentes en sus mentes.

—Un coronel, que fue jefe del Combinado del Este, y de Valle Grande prisiones en La Habana, declaró, en el programa de ME, en la TV, que jamás maltrato ni golpeo, a ningún reo en estos lugares. Aquí en Miami, tengo un testigo, que me contó indignado lo contrario a sus declaraciones, un subteniente que no mencionare su nombre, para no comprometerlo, amigo mío de más de 30 años, que fue testigo de los golpes que este señor propinaba a los detenidos y reos, sus abusos con castigos inadecuados e inhumanos. También conocí, a un hombre que lo golpeo, en el tabique de la nariz dejándolo deformado para toda su vida, y que seguro el recuerda aun, este hombre lo vio en el programa de ME cuando el asistió a una entrevista.

Quizás recuerde cuando, se robaba, el arroz, la carne, el pescado, que el gobierno le proveía a los prisioneros, y que estos productos terminaban en la casa de el y de otros oficiales, como el general jefe de prisiones de Cuba el general AF alias el G, la crueldad de realizar estos robos, las sufrían los presos al tener que comer pastas como coditos y espaguetis hervidos sin sal, la alimentación de los reos era pésima y lo es aun en Cuba, el miedo nos ha costado, medio siglo de dolor y sufrimiento, para mí habría sido mejor a pesar de lo que me podría costar haber editado este libro en mi patria donde lo pudiera leer el pueblo cubano, ya que tendría un resultado provechoso.

Un caso especial, que no me he tomado ni el trabajo de leer su libro, por que no se realmente de que se puede quejar esta señora, que podrá saber de vicisitudes, del hambre y de las necesidades, que sufre el pueblo de Cuba.

Aunque su padre biológico, no la reconoció como su hija, siendo el producto, de una traición, de su madre con Fidel Castro, al Dr. F quien supongo, que murió engañado de que era su hija, la ahora periodista, de la televisión, con sus ropas anticuadas y bufandas ridículas, queriendo aparentar dolor y ofendida, por el abandono de su padre, a la que nunca le mando ni una Coca Cola.

Esta señora, nos indignó, tanto a mí hijo como a mí en una entrevista de televisión, donde declaro junto a su hija de que esta se dirigía a la escuela en bicicleta, recordara ella que mi hijo y yo visitamos la casa de su madre con frecuencia a reparar, el VW, y que siempre veíamos cuando su mama llevaba a la nieta a la escuela, día por día, se le olvidó que tenía o tiene un apartamento, a solo 200 metros de la casa de su mama en Nuevo Vedado, cuando miles de cubanos viven en albergues. Solo por decir, que era la hija de Fidel, se le abrían los caminos y sobre todo por el temor absoluto, de todos a su alrededor por que de esta virtud vivió, se acomodó y aprovechó por mucho tiempo en Cuba y ahora en los EU.

Olvidó que la única bicicleta que había en el garaje de la casa de su mama, estaba colgada en la pared, llena de tela de arañas y polvo, no recuerda que según, su mama las "amistades" de ella le resolvían, gasolina y otros artículos como alimentos, ropa y otros. Yo diría, que le daban una remesa mensual donde le proveían dólares para comprar en las tiendas de dólar, que abastecía su auto con bonos de gasolina de área dólar.

Tu tenias el privilegio de que por tu profesión, viajabas por el mundo con el ballet, ganando dólares, lo que te diferenciaban de la gente de pueblo, que en la zona en que vivías, los apagones de electricidad no existían por ser zona de la alta burguesía del gobierno.

Me da pena que tengas que mentir, a quien te crea por su puesto, que fuiste una victima del castrismo, no te ha quedado bien, como has querido lucir en el exilio, debes autoanalizarte, y mejor quedarte callada.

Un ayudante de R C un burgués poderoso, ventajista vivió como marqués , el y su familia, autos, casa, favoritismos con los administradores de empresas que le regalaban productos jamón, queso, ropas etc. Aprovechó su posición, para regalar o resolverle una casa a una persona conocida mía, olvidando los cientos de cubanos que no tienen vivienda y que llevan años esperando en una lista interminable para obtenerla.

Usted es también cómplice y culpable, la mejor postura hubiera sido quedarse callado, en el exilio por que al final usted no ha declarado, nada de valor para la historia de Cuba, ni ha denunciado las cosas que sabe, sobre los crímenes que ha realizado su ex jefe, tan siquiera no tuvo el valor de hablar sobre, el alcoholismo de su ex jefe. Que sentía usted cuando paseaba en auto nuevo, comprado con el sudor del pueblo, que vino a hacer, al país que usted odia, y repudio, donde están sus sentimientos.

¿Por qué? el pueblo cubano nunca ha tenido acceso a conocer como viven los dirigentes, por que para ellos no existen las limitaciones de los recursos esenciales para la vida, las leyes y las disposiciones del gobierno a las restricciones no son tampoco acatadas por la dirección del Partido Comunista.

Se han hecho insensibles, dando la espalda a la realidad de cómo vive el pueblo cubano, por esta razón yo denuncio, que ustedes han sido unos aprovechados, oportunistas, inhumanos, necesitaría una gran cantidad de adjetivos para calificarlos.

Me duele y sufro aun, la vida que perdí, la impotencia la persecución, hasta por querer trabajar decentemente y querer darle a mi familia una mejor vida, buscando el dólar prohibido, y pagando muchas veces el peso de la ley, por el solo hecho de trabajar.

Por que Fidel y los dirigentes cubanos si pueden tener, el dólar para ellos sus hijos y familia lo mas cruel que he vivido, es la impotencia que me causaba ver, que los oficiales del MININT y la Policía persiguen, y le confiscan a cualquier ciudadano el dólar, y se quedaban con el, para sus gastos, ninguno de ellos lo sudaba, ni lo trabajaban tanto ellos y sus hijos lo disfrutaban y poseían, sin caerle el peso de la ley.

No generalizo, pero hay que ser descarado para venir a este país, después de destruirle las vidas a miles de cubanos, a pedir asilo político, sin ser perseguidos después que reprimieron, abusaron, encarcelaron, y perjudicaron a cientos de cubanos, a estos señores se les acabo la gallina de oro, ya se había agotado el dinero que producía el pueblo, botaron a Papa del trabajo, ya no podemos robar en fin es esta la verdad de algunos exiliados políticos de los últimos tiempos, saber lo que uno escribe, lo que habla, donde lo habla es sano, para los hombres.

Lo que sufrí en Cuba y en los Estados Unidos para volver a comenzar a hacer una vida, con la carga de mis hijos y esposa, después de dejar mi juventud y salud a la frustrada y absurda revolución, entregar mi confiado futuro con trabajo y honradez y al cabo de varios años abandonar todo lo poquito que me dejaron mis padres y que pude hacer, después de ver como todos estos a quienes yo les repare sus autos, vivieron robando y disfrutando sus vidas, mientras un pueblo era pisoteado y un país totalmente arruinado. Quien se sienta, con valor de enfrentar las verdades escritas en este libro tendrá que soportar, la rudeza e indignación de mi dolor.

En un 80% de los, hombres que fueron dirigentes, altos funcionarios y Oficiales de las FAR o el MININT han tenido que realizar de una forma u otra, algún tipo de abuso, protesta, injusticia que todo el que es cubano sabe que funciona así.

Ningún cargo o buen empleo en Cuba se le otorga a nadie si no posee estas características, la postura de el revolucionario según Fidel tiene que ser agresiva y de 0 tolerancia, a muchos de los que conocí quisiera, poder denunciarlos abiertamente, pero solo me conformare a que algún día, la justicia les cobre sus crímenes, y abusos, muchos de los que me conocen, y que realizaron acciones contra mi en Cuba, para verme hundido hoy les demuestro lo que un hombre es capaz de hacer por un amigo.

Ninguno de estos señores, deben de disfrutar del amparo de los Estados Unidos después de todo lo que han hecho y hablado en contra de este país, si de mi dependiera, cualquier noble emigrante o indocumentado tendría mas derecho a disfrutar del exilio de los Estados Unidos que ellos, quienes divulgaron en Cuba, el odio a los yankis, el repudio al imperialismo y al pueblo norteamericano.

No puedo explicarme, quienes poseen el control en los Estados Unidos para darle entrada a estos esbirros, oportunistas y ladrones, recuerden que existen muchas formas de cometer un crimen, el de Cuba, es uno mas que se sumara para la historia.

Diera mi vida, porque este libro llegara a las manos de Fidel Castro y de muchos que lo admiran y apoyan en el mundo, para que conozcan el dolor real de los cubanos, la realidad del porque la emigración cubana, y su único culpable, Fidel Castro y toda la dirigencia cubana, la activa la desactivada, y la exiliada. José Marti el Apóstol de Cuba decía que los cubanos jamás tuvieron que emigrar, y que Cuba nunca fue un país que sus nativos emigraban.

Cuba antes de la revolución, fue un país que recibía todo tipo de emigrantes, de varios países España, China, Polonia, Norte Americanos etc. El desarrollo de Cuba antes de la destrucción de Fidel, no es creíble para los actuales cubanos nadie es capaz de imaginarse, sin ser nacionalista con la modestia, la humildad y sencillez de un cubano que recuerda y no olvida, lo que fue su país, y lo que es hoy, ninguna historia ni prueba es capaz de hacer entender a ningún joven el adelanto, el comercio las industrias y las riquezas que Cuba poseía, yo me indigno y lloro, al recordar cada calle o lugar de mi CUBA.

Hemos sido obligados a invadir el mundo, con emigrantes buenos y malos, los cubanos hemos tenido que emigrar a muchos países en el mundo, hemos sufrido por varias generaciones la perdida, de seres queridos, y la unión familiar los sueños del futuro fueron tronchados para jamás volver, es por esto que cada vez que escucho a las organizaciones anticastristas en el exilio, de hacer conversaciones con el gobierno cubano, de visitar el país y apoyar el sistema, me indigno estos señores no han vivido ni una milésima, de lo que han sufrido y sufren los cubanos, no puedo hacer ninguna concesión, ni tener consideración con los que han destruido mi vida y las de miles.

Todos estos magnates que pudieron huir en los años 59 y 60 eran ricos, y de posición adinerada, sus máximos deseos son recuperar sus negocios, mansiones, casas y propiedades, pero señores si no ha visitado a Cuba mas, o no ha tenido un amigo que le cuente, lamentablemente de estas cosas y casas, no queda nada esta todo destruido y desaparecido.

No se puede hablar de patriotismo, comiendo jamón y tomando Coca Cola, nadie libera a Cuba, haciendo desobediencia civil en el país que les dio albergue y vida, rompiendo discos de un artista que nada que ver con la política, todos estos opositores para mi no poseen dos dedos de frente, solo hacen el ridículo ante el mundo, se han perdido 52 años de poder recuperar, la libertad de Cuba y esta solo tiene un precio.

Si tuviere la oportunidad de entrevistar a Fidel Castro le haría, una sola pregunta, ¿Por que odia usted, al pueblo cubano?

Son muchas las situaciones, que vive un cubano diariamente en su país, sin libertad con miedo, y restringido sin acceso a comprar alimentos, ni el mas mínimo articulo de primera necesidad, esta obligado a esperar a que el gobierno los posea y lo lleven al comercio donde se distribuyen, y en una ridícula porción que no alcanza ni para una semana. Cuando he conversado con hombres de Colombia, Costa Rica, Santo Domingo, y les he comentado como se vive en Cuba muchos les parece que somos mentirosos y exagerados.

— Como me ganaba el Dólar en Cuba.

En Cuba existía una compañía cubana, para la dirección de tiendas, hoteles, moteles, restaurantes, conocida como Cubalse, un Español de Canarias exactamente de Fuerte Ventura, el Sr.: J V, comenzó negocios con Cuba fue sobre el año 1983 venta de ropas, europeas Hugo Boss, Butverry, Elles y otras, también bisutería y joyas de fantasía, estas se vendían en dólares y eran para personal diplomático, turismo y los seleccionados del gobierno, artistas, y ejecutivos de empresas en el extranjero. Sus ventas las realizaba a las tiendas de 5ta y 42, La Masón, y otras selectas. Todos estos españoles, sus viajes a Cuba se convertían en placer sexual fiestas y según ellos, la prostituta mas barata del mundo, la cubana. Las mas codiciadas eran, las niñas de 13 y 14 años, a quienes les pagaban con un articulo barato, de los que traían y de los que el pueblo no tenia acceso ni podía obtener aun, tuviera el dólar para comprarlo, esta fue la razón por lo que comenzaron a venir, con otros amigos los traían a Cuba para que se follaran una muchachita, atrayendo la atención de gallegos con pequeños negocios, comenzando a viajar a Cuba y crear firmas y negocios comerciales.

A mi esto me provocaba una indignación, al ver estos viejos sucios, con mal olor y mal aliento, llevar a la casa a niñas inocentes a hacer sexo, otros se casaban para sacarlas del país, me repugnaba mucho más, ver a dirigentes cubanos, oficiales y militares que visitaban a estos para beber licor, comer y recoger algún regalo de soborno de estos señores, para mantener una libertad necesaria de movimiento en el país, fiestar y participar en orgías, lejos de combatirlos.

No puedo nombrarlos por temor a alguna represalia, y no merita la pena que hombres como estos altos funcionarios, y dirigentes del gobierno cubano, quieran aplicarme demandas ya que las pruebas de mi comentario, están solo en el poder impenetrable de los hombres, la memoria, alguien algún día se encargara de hacer justicia.

J J. hizo una amistad grande con el director de la firma Cubanacan, y el Palacio de las Convenciones de Cuba, presentándole a un Español amigo de él y creó una nueva compañía que se llamaría Cubacan, y que serian unas oficinas de arquitectura, con el fin de construir Hoteles en la playa de Varadero justo cerca de La casa Dupont, zona que tenia la mejor arena, vista y un mar excelente, y que estaba vedada para altos dirigentes del gobierno, visitantes y extranjeros cerca de aquí se encuentra Villa Cuba, la Casa de los Cosmonautas, la Casa de RC y otras propiedades especiales donde ningún cubano podía entrar.

Después de terminados, estos hoteles, serían entregados para su explotación a la cadena hotelera Sol Meliá, y así sucedió pero como todo lo de Fidel, y su sistema terminó siendo un fracaso total, primero por el poco turismo en Cuba, la mala calidad de los servicios, ya que el personal cubano, que es el pueblo vive amargado, disgustado, y con mil necesidades que los obliga a robar para comer, y realmente la idea de un hotel de 5 estrellas en Cuba nadie la tiene, desde que triunfó la revolución en Cuba se perdió totalmente la cultura gastronomica, por lo que el gobierno termino explotándolos por ellos mismos y hoy son un fracaso.

Después de la destitución de Luis Orlando Domínguez, un dirigente cubano que Fidel Castro le dio riendas sueltas y el hombre se corrompió, defalcó y robó, a la economía cubana para su enriquecimiento personal, al ser puesto en presidio domiciliario, y despojado de sus supuestas propiedades, se había apropiado de una casa para sus hijas, en la calle 3ra y 26 en Miramar, la que fue entregada por el director de Cubalse AMM a estos señores españoles para vivir, durante su estancia en Cuba.

Con ellos, trabajaba un chofer y empleado que les impuso y recomendó, el director A M por ser para el un hombre de confianza que lo mantendría al tanto de los movimientos de estos gallegos, y a su vez le informaba a la Seguridad del Estado, este señor era militante del PCC y un BUFON de los jefes, llamado A.

En este tiempo mi único trabajo con estos señores, era mantener los Mercedes en buenas condiciones técnicas, fregado y servicios, un día JJ me propone que trabajara solo para ellos en la casa, de chofer mecánico, y para mantener el jardín, la limpieza de la casa, el lavado de sus ropas, en fin toda esta carga. La necesidad, de ganarme unos dólares para vivir un poco mejor y el pago acordado me hizo aceptar, yo lo consideraba excesivo trabajo pero ganaría $ 130 dólares, y $ 354 pesos cubanos, la parte de los dólares tenia que quedar entre, los españoles y yo, por que la tenencia de dólares era ilegal en aquellos tiempos en Cuba, costando años de prisión. Ellos me gestionarían emplearme en la firma oficialmente, llamada Cubalse que era la empresa superior para emplear y controlar a los cubanos que prestan servicio a embajadas, firmas, que trataran con extranjeros. Este era un trabajo codiciado por los cubanos, pero controlado por el MININT y los órganos de seguridad, en donde tenias que pasar por una investigación severa, y ocupadas las plazas por hijos de dirigentes, desmovilizados del MININT las FAR, amigos y mujeres de la dirección del gobierno y que tuvieran disposición de informar todo movimiento y actividad de estos extranjeros a las fuerzas de seguridad del gobierno.

No tuve problemas, no antecedentes penales, era internacionalista, y condecorado con tres medallas, además el solo hecho de tener que trabajar, en contacto con extranjeros, era para el gobierno cubano preocupación, de que se escapara alguna información, referente a asuntos militares, filtración de documentos o datos secretos.

Mi única traba era, la no militancia en el Partido Comunista pero me consideraron mi misión y mi trabajo con Ochoa aun un Héroe de Fidel,

El señor A. que trabajaba anteriormente en esta casa, fue separado de su puesto con los españoles por la perdida de una camisa de seda de uno de estos, y por que JJ ya me había comentado de la intromisión de este en sus conversaciones, un poco que le pareció sospechoso a ellos, según JJ todo lo quería saber, les pedía de todo lo que veía en la nevera y en la despensa, y en algunas ocasiones les faltaban alimentos o golosinas.

Por esta razón este alfeñique, ignorante y analfabeto señor me tomo, un odio tenaz trato en varias ocasiones de buscarme problemas delatándome que si yo comía mucho en la cafetería del hotel que si me veía en este u otro Mercedes, y me convertí en su nuevo trabajo de toreo, los hombres como estos abundan en Cuba, tienen que convertirse en un delator, criado, y bufón, de los jefes para obtener o mantener un puesto de trabajo.

Después de estar 1 mes trabajando me entere, que este señor se dedicaba a ser el criado y guataca, del director de Cubalse el Sr. A M M y de la esposa de este la 'burguesa" R, el se levantaba a las 5:00am para llegar a la casa de estos y llevarle el café a la cama, antes de que se levantaran, siempre metido en la oficina de este señor, adulando y haciendo mandados y gestiones personales, que no le pertenecían hacer por no ser este su trabajo.

Continué mi trabajo, y me gane la confianza y amistad de estos señores, llevaba a lavar sus ropas con una tía de mi esposa, mantenía limpia toda la casa, los jardines, los baños, que solamente el techo era de espejos, y todo azulejado en color marrón tenia una sauna personal, plantas ornamentales, era una casa de millonarios restaurada para las hijas del dirigente antes mencionado, y que ahora era para los españoles.

Cada día, excepto los domingos tenia que trabajar, pero el trabajo fuerte y con presión era cada 15 o 20 días pues ellos viajaban a su país y regresaban, por lo que en estos días mi actividad mermaba, pero el trabajo se me fue complicando, aparte de todo lo que tenia que hacer, JJ me encargo el abastecimiento, el control y la recogida del dinero de una tienda Boutique, que abrió en el Hotel Comodoro para la venta de los productos que el traía, de Europa ya que el turismo extranjero comenzó a visitar este hotel.

Aquí comenzó mi odisea de personas en contra de esto, pues me gane la confianza de JJ, para depositar y extraer dinero de su cuenta bancaria, reconociendo mi firma, para cuando ellos no estuviesen en el país yo hacer estas gestiones.

Otra muestra de confianza, fue dejarme la habitación que tenia permanente, en el hotel Comodoro abierta para mi uso, el consumo en restaurantes y cafeterías de este hotel, y lo consumido lo pasaban a la cuenta de estos señores, y los Mercedes no podía moverlos nadie solo yo, y en la casa tampoco podía entrar nadie.

Tiempo mas adelante, EM el otro español trajo un Yate de 2 palos motovelero con tres camarotes, con navegación por satélite, en fin una belleza, al que también se me fue cargada la limpieza y cuidado, mas trabajo con igual dinero. Casi no podía ver a mis hijos, llegaba todos los días a las doce de la noche, salía de mi casa a las 6:30am, esto verdaderamente era, una esclavitud.

Esta confianza, y amistad entre los extranjeros y los cubanos, es perseguida por parte del gobierno, por lo que comenzó la lucha de ganar tiempo, comencé a ver visitas frecuentes de A, el chofer de A M M, en la casa, en la tienda, en el yate y en el hotel, como que me estaban chequeando y controlando.

Un buen conocido mío, que trabajaba en la empresa superior Cubalse, como policía encubierto pero que le gustaba el whisky, en una conversación me dijo, que me cuidara que estaban detrás de mi por las cosas que los gallegos hacían y me dejaban hacer, y que tenia a un teniente de la inteligencia, controlando y chequeando mis movimientos el teniente llamado, A R, el mismo me advirtió que era un Hijo de P. y que me cuidara.

Una mañana me dirigí a la marina Heminguey, donde se encontraba el Yate, a recoger los cuartos y el reguero que todas las noches entre semanas el señor AM dejaba después de sus violaciones sexuales con muchachas de 16 y 20 años, después en pago las colocaba en cualquier tienda de área dólar, un codiciado empleo de los cubanos.

Estando, en la limpieza del barco E M el dueño del barco que allí se encontraba me pide que le calentara una sopa de lata para el señor A M M que tenia hambre y cuando estoy calentando la sopa me dice el inmundo, y poco hombre al que no pude meterle una buena bofetada, Cesar lo único que te falta es ponerte un plumero en el culo para ir sacudiendo, mi respuesta fue riéndome, le dije tu eres un falta de respeto y si eres hombre, despójate del poder de director dentro del barco y sale al muelle a decírmelo, como hombre que te voy a enseñar donde tengo el plumero, realmente el se quedo pálido, no sabia que hacer por lo que no tardo en buscar la manera de desquite que poseen los mal llamado hombres y que yo, había firmado mi sentencia de muerte, este señor termino por decirle, a J J mi jefe, ¡o tus negocios en Cuba o Cesar!, el 13 de marzo de 1990 en el hotel Comodoro, me mandaron a entregar un auto LADA que yo estaba pagando a los españoles, y que fue autorizada la compra por el señor A M M y donde, perdí la suma $ 3,700 dólares, de mi trabajo y del que no se me devolvió ni un centavo.

A partir, de la causa #1 de Ochoa se me fueron cerrando las puertas, por lo que decidí no trabajar mas para el gobierno, y ponerme en la calle con una licencia de mecánico a realizar trabajos por cuenta propia, porque me cerraron las puertas en cuanto trabajo busque. De vez en cuando pasaba por la casa de MG la esposa de Ochoa madre de AO, a esta mujer se le cayó el mundo encima, refugió su dolor en la bebida, y la soledad mas la represión y control del gobierno la han consumido.

Cuando el gobierno le aviso a MG, para sacar los restos de Ochoa, pues lo habían enterrado en un panteón, desconocido para la familia y para el pueblo, por lo que tenia que ser removido, Ríos y yo le dijimos a MG que hablara con el oficial que la atendía a ella para poder acompañarla y estar presente, como yo esperaba esto se nos fue negado, por el gobierno.

Este día esperamos Ríos y yo el regreso de MG y Alejandro, cuando llegaron, ella nos comento que venia muy triste, porque ella veía que el cráneo no tenia mucho pelo y que Ochoa era de bastante, nosotros tratamos de quitarle de la mente este desagradable momento, para mi siempre esto ha sido algo que quedo en mi pensamiento. Unos años después de la muerte de Ochoa, también muere el hijo de Ochoa, en un accidente de transito en la carretera Vía Blanca, en Cuba regresando de una fiesta de jóvenes.

Este accidente fue desbastador para su madre, en el año 2010 visité a MG en Cuba, y me explico que no podía aun conversar de eso abrazándome con un fuerte llanto y con una botella de ron en sus manos, yo poseo el video donde esto se observa claramente.

También, yo visité 3 veces más Cuba, por tener problemas con la bóveda donde están mis padres enterrados por una rotura de esta, por suerte conocí a un señor que realmente se porto conmigo excelente, ayudándome con este arreglo y los tramites burocráticos. No lo mencionare para no comprometerlo porque estas cosas en Cuba son muy castigadas por el gobierno, aunque les parezca algo estupido.

La ultima ocasión que estuve en Cuba, me informé con la esposa de Ríos ya fallecido, por un cáncer en la garganta muy fulminante, ella me dio la dirección donde estaba Ríos su esposo sepultado en el cementerio y pude rendirle mi tributo, la curiosidad de saber donde se encontraban los restos de Ochoa, me hicieron dirigirme a ver a este amigo mío pidiéndole que me llevara donde estaba sepultado.

Me dirigí con el a la oficina, busco en un mapa donde me mostró unas tumbas marcadas con tinta azul, y señalada con nombres, y nos dirigimos encontrándola a un costado de la capilla central del cementerio donde descansan los restos de Ochoa y Alejandro su hijo, sin ninguna tarja que haga referencia a ellos.

Un % grande de oficiales de las FAR, se quedaron desconcertados con los hechos del fusilamiento de Arnaldo Ochoa, estando aun en Cuba yo me encontré en la calle Mayia Rodríguez y Santa Catalina en el reparto Santos Suárez, cuando nos cruzamos lo llame me refiero al hermano de Ochoa que era coronel del MININT, cuando me baje de la moto que me reconoció, me abrazó llorando como un niño, estaba como atontado, y lo único que me dijo me mataron a mi hermano me quede tan mal que mi respuesta fue y a mi hermano, me pidió que fuera por su casa, pero no lo hice por lo que nunca mas volví a verlo me destrozaba ver a ese hombre llorar.

Otro general que veía con frecuencia, L. que fue jefe de una compañía de tanques En Etiopía, gran amigo de Ochoa, siempre andaba borracho, alcoholizado, tomaba con nosotros en las esquinas se quitaba la camisa de general y se sentaba en el piso a tomar ron, y a conversar, lo tenían en las FAR como una figura decorativa porque ya, no tenia participación en nada militar.

Un día me senté en el portal con el hijo de este general y su esposa L. ella nos estaba haciendo café, y cuando salio con el café y casi gritando Dijo ¡Ay Cesar estos hijos de puta nos mataron al negro! se refería a Ochoa, Estas son muestras de que esto fue una bomba para Fidel que un día estallará.

No quisiera mencionar a muchos oficiales que, estaban bien desencantados por la muerte de Ochoa, y con el régimen para no comprometerlos, y por no conocer su actual estatus, pero les puedo asegurar que son unos cuantos.

Unos años antes de salir de Cuba al exilio, conocí a otros gallegos que tenían, una firma llamada Sony Mar y que comerciaba en Cuba útiles de higiene, como Shampoo para el cabello, perfumes, jabones y zapatos. Estos gallegos llamados J A, y J A, tenían las oficinas en el edificio Somellan, en Línea y Malecón en el Vedado, la casa de vivienda la tenían en la calle 78 y 5ta Miramar, mi trabajo era atender los autos y las motos de ellos. Este señor era un hombre violento tenia una novia cubana K. a quien golpeaba, y abusaba, lo mismo que todos estos comerciantes de pacotilla abusaban de la pobreza de las mujeres cubanas para sacear sus deseos sexuales. Mi salario con ellos era muy bueno para Cuba $400 dólares al mes, mas con lo que me buscaba con mis clientes de siempre, llegue a tener una buena suma sin dejar de vivir con comodidades.

Cuando yo recibí el sobre de la lotería de visa, este gallego me pidió que buscara otro mecánico que me sustituyera y que, trabajara en los Mercedes, y así lo hice ellos tenían una deuda conmigo de $147 dólares, que estuve varios días pidiéndole que me lo pagaran, como en Cuba los extranjeros son intocables, no podía ir a la policía, porque yo no era un empleado oficial y el no podía pagarme en dólares, por lo que no tuve mas opción que la violencia. Termine en la puerta de su casa con un tubo de hierro esperándolo a que saliera, yo lo llamaba y no contestaba ni salía, en eso llego el otro Gallego quien comenzó a darme conversación y calmarme hasta que el otro por la ventana de su cuarto, en el segundo piso, me tiro en un sobre el dinero.

Es así como se vive en Cuba, ni tu trabajo lo quieren pagar, lo mismo que me sucedió con estos gallegos, me sucedio con un argentino funcionario de la embajada a quien le realice un trabajo y no me pago, se me escondía, hasta que lo encontré saliendo de la embajada. Todos estos señores después que llevan un tiempo en Cuba abusan del cubano por que saben que llamando a la policía, nos arrestan, y jamás sabemos de ellos, y no tienen que pagar.

Mis aneadotas personales, quisiera que cumplieran un objetivo fundamental, que el mundo sepa lo que es el Castro Comunismo, y que vean como se realizan y cometen crímenes y abusos.

—Como emigre de Cuba.

El año 1994 salió la lotería de visas para los Estados Unidos, mi esposa y yo habíamos enviado las cartas por separado, por si no lo lograba ella entonces yo, ya que era para matrimonios con hijos menores de 21 años. Paso unos meses y vemos un día en las noticias, que ya cerrarían la participación al sorteo, al otro día mi esposa, corrió para el correo donde se entregaban estas cartas en La Habana, y echó estas cartas en el buzón cuando miro que había una fila en la que pregunto su objetivo, y a la que le respondieron que era, para certificar estas cartas y darle una mayor seguridad de recibo.

Cuando llegó a la casa me contó lo sucedido y yo me disguste mucho, por que casi un mes estuvieron estas cartas en la cartera de mi esposa sin llevarla al correo postal.

Mi esposa se graduó en Cuba de Ingeniero Industrial especializada en transporte marítimo, una carrera para ocupar a los cientos de estudiantes que se graduaban, de Pre Universitarios y al estar las cátedras copadas, las situaban en cualquier otra aunque no les gustara, en realidad ella quería estudiar medicina, en la especialidad de pediatría, pero por el gobierno cometer el error de crear excesivos médicos, se abarroto esta carrera que ya sobraban los médicos, por lo que tuvieron que recortar esta cátedra, abriendo este invento de Ingeniería en Transporte Marítimo, por lo que a mi esposa le dijeron sin otra opción, o lo tomas o lo dejas.

En espera de resultados con la lotería de visas, ella siguió trabajando y yo continué, con los gallegos de Sony Mar un día mi esposa llama a la casa del gallego diciéndome que había recibido un sobre amarillo que era de la oficina de intereses de Estados Unidos. comencé a brincar saltar, y cuando llegue, era que me había sacado la lotería de visas, no comentamos nada ni a la familia y seguimos trabajando y preparando los documentos y tramites que tenia que realizar cualquier cubano que quiera emigrar de Cuba, los documentos que tienes que buscar, como las actas de nacimiento, de matrimonio, es algo horrible por el burocratismo, la inexperiencia y la amargura que tiene cualquier empleado de estas oficinas, que aunque son de atención a ciudadanos parecen que son atención a terroristas, todo tramite legal que tuviera que hacer un cubano para emigrar a cualquier país, se convierte en un traidor a la patria, gusano, asesino y contrarrevolucionario, esto conlleva a humillación, desprecio, despotismo, mal trato, vejaciones, la injusticia mas cruel que ninguna persona se imagina.

Llego el día de la entrevista en la embajada de E U, yo trabajaba como antes mencione a muchos diplomáticos y a algunos funcionarios de los Estados Unidos, un joven amigo mío llamado Erasmo que tenia, una moto la cual yo le hacia reparaciones, trabajaba en la oficina de intereses, de EU en la puerta donde atendían a los cubanos que emigraban, revisando los documentos y pasando a las personas, esta embajada posee una guarnición por la parte cubana, por el temor del gobierno a una invasión del pueblo para buscar asilo por lo que esta es, extremadamente segura el día que nos citaron yo había hablado con Erasmo para que supiera, que yo iba a la entrevista. El mismo Erasmo me indico que mis hijos no se levantaran de los bancos que no corretearan, y que estuvieran sentados y tranquilos.

Me aconsejo esto por que cuando los cubanos están sentados en la terraza, esperando el turno para la entrevista con el cónsul de EU, hay unas cámaras que están viendo todos los movimientos que hacen las personas, como vienen vestidos y el comportamiento general cosa que ya me habían advertido. Cuando nos llamaron, nos paramos frente al cónsul y lo primero que me dijo que familia tan bonita tenia, estos niños comen bien mi hijo era gordito y mi hija no tanto pero dentro de la miseria cubana ellos gracias, a lo que les comente de mi trabajo y ganar dólares nunca les falto alimentos, ni ropas.

Después que reviso los documentos y el habitual Affidávit, que una prima de mi padre me envió, nos miro y sonriendo nos dijo, no creo que este Affidávit les haga falta a ustedes, son personas preparadas y los felicito pueden viajar a los Estados Unidos.

Cuando salimos de allí entre risas y lagrimas fuimos al malecón habanero nos abrazamos los cuatro llorando de pura felicidad, había logrado parte de mis sueños en la vida.

Antes de recibir el sorteo, nosotros estábamos pensando en un cambio de casa, que en Cuba se le llama permuta, esta era para el Reparto Eléctrico un reparto a la salida de la ciudad de mucha tranquilidad y casas grandes con jardines y patios. Cuando estábamos abrazados, les pregunto ¿bueno que hacemos permutamos para la casa nueva o para Miami? todos riéndose al mismo tiempo, dijeron para Miami.

He aquí la llamada libertad, que tanto proclama el régimen de Fidel Castro implantado en Cuba, una gran odisea comenzó en nuestas vidas, hacer las tramitaciones correspondientes, la solicitudes de los pasaporte, la carta de liberación de mi esposa que ha todo graduado universitario el gobierno le exige para emigrar del país, método en el cual ustedes pueden ver el miedo y el temor, de la dictadura para evitar que se escape alguna información secreta del gobierno según en lo que hayan trabajado. Esto fue un tramite largo, imponente e injusto, que le trajo a mi esposa y a mi una depresión y un estado de estrés funesto, que motivo la expulsión de mi esposa de su trabajo, mucho antes de darnos la salida del país declarándola como una antisocial y desafecta del proceso.

Los EU, exige un chequeo medico que consiste en una placa pulmonar, al costo abusivo de $400 dólares c/u, y que teníamos que realizar en un hospital conocido con el nombre de Luís de la Puente Uceda.

El director de este centro hospitalario, había sido director del hospital del Combinado del Este, prisión conocida por los cubanos y este, era amigo de unos amigos míos, el cual participaba en fiestas, y reuniones y que también se beneficiaba de los robos, que estos hacían en los restaurantes de los que eran administradores como pizzerías, comidas chinas, heladerías, servicentro de combustible, todo esto era la forma de vivir de los cubanos, a cambio de medicamentos y buena atención.

Tocó la casualidad, que en esos días una prima mía se realizo una operación de ovarios, y fui a visitarla a este mismo hospital, su habitación no poseía ventanas, esta tenían unas sabanas como protección, las paredes estaban sucias sin pintura y su mama tuvo que traer las sabanas, la almohada, el cubo de agua por que no había ni agua corriente en el hospital, la bomba de agua estaba dañada, tenia que bajar al primer piso para cargar el agua de un camión cisterna que la traía de otro lugar, así también cuando tenia que usar el sanitario y para su aseo. El bombillo de iluminación de la habitación, se lo habían robado y ella tuvo que traerlo por que estaba totalmente a oscuras la habitación.

Por este motivo, y aprovechando el haberlo conocido en una de estas fiestas, fui a ver al director, de parte de mis amigos para que me buscara una habitación en mejores condiciones para mi prima, inmediatamente desde su oficina llamo a la sala donde se encontraba mi prima y le cambiaron la habitación, para otra sala, con excelentes condiciones desde aire acondicionado, hasta agua corriente. Así Fidel llama a Cuba, la potencia medica del mundo, yo tuve que remunerarlo con una caja de cerveza, una mochila para su hija y otras cosas, compradas por mi, en la tienda del dólar.

Cuando fui a ver a este señor director del hospital, estuvimos conversando sobre las placas que tenia que hacerme y me confeso, que las placas que nos entregaban además de ser un puro mecanismo, eran falsas que el mismo gobierno, le habían orientado que para los gusanos, o sea los que abandonaban el país el gobierno no haría ningún gasto, por lo que tenían que extraer de los expedientes viejos las placas de los pacientes que no tuvieran problemas, para ser vendidas a los emigrantes.

Me comento también, que tenia un medico revisándolas para cuando vengan los que emigran, tenerlas preparadas, solo allí se les tira la luz del proyector de las placas.

El costo total, que tuve que pagar de los cuatro fue $ 1,600 dólares, este amigo del hospital no podía darme estas gratuitamente, por que el pago se realizaba en un banco del gobierno preparado especialmente para esta actividad, donde se pagaba y te entregaban el comprobante, luego exigido por emigración para el proceso y entrega de la tarjeta blanca que autoriza la salida del país, después que teníamos todos los documentos vino el pago de los pasaportes, que fue de $200 c/u dólares, mas $150 c/u para la tarjeta blanca que antes explique.

Los pasajes aéreos por la línea Lan Chile fue de $238.00 c/u y sumo la cantidad de $4,182 dólares que tuve la dicha de tenerlos guardados, gracias a mi trabajo, y mi riesgo.

Entonces comenzó la prueba cruel, y dura, a que he tenido que enfrentarme en la vida, las tarjeta blancas que dan autorización para salir del país, en ese momento se nos fueron entregadas solo, a mi esposa, a mi hija y a mi, la de mi hijo, según emigración no fue entregada por estar en edad militar y tenían que recibir la autorización del comité militar para entregarla, los días de lagrimas discusiones en mi hogar, día tras día de mi hijo presentarse a este lugar para comprobar la llegada de esta tarjeta, nos trajo 1 año entero de espera, el vencimiento de las visas ya otorgadas para viajar, de los EU, nos puso en unas condiciones drástica, a mi esposa y a mi. Aquí todo se baso, primero en mi situación con el caso de Ochoa, yo debería ser investigado a profundidad, para otorgarme la salida, ellos sabían que sin mi hijo no me iría del país, siempre ellos tenían esta información por mis gestiones absurdas con personas de la seguridad del estado a quien yo les realizaba trabajos en sus autos esperanzándome en conseguirme el permiso de mi hijo, como el teniente Felipe del DNI, con otro oficial, hijo de un comandante de la revolución ya retirado RP el Bibí del G2, que también me engañó, esperanzándome con ayudarme a darle, solución a mi problema, otro a quien no puedo dejar sin mencionar el oficial, J R hijo de un mártir de la guerrilla del Che en Bolivia, y hijo de la secretaria del general Abelardo Colome Furry, a quien entregue una carta que nunca respondieron, también entregue una carta al ministro de las FAR Raúl Castro, que jamás fue respondida, y así muchos mas que abusaron de mi trabajo y desesperación, a quienes quiero dejar plasmados en este libro, como abusadores, que jamás los olvidare y que espero que tengan suerte.

Hubo también, una razón para incomodar a las autoridades cubanas, y fue que el amigo mío que trabajaba en la oficina de intereses de EU, el señor Erasmo a quien agradezco eternamente su ayuda, ya con las 4 visas otorgadas, fue a proponerme que asistiéramos mi familia y yo, a un cóctel que realizaría la oficina de intereses de los EU, para festejar el cumplimiento de las 20,000 visas de la lotería donde estaría la prensa, el jefe de esta oficina y otros funcionarios. Fuimos a este cóctel, mi esposa e hijos, y también yo era amigo de algunos de los periodistas de las agencias extranjeras como France Pres, la CNN y otras ya que integrábamos un club de Harley Davidson, que nos reuníamos los sábados en los parqueos de la Catedral de la Habana.

Esto trajo como resultado, salir toda mi familia y yo en la prensa de Miami, y en el canal 23 de Univisión, con las visas, y festejando y brindando por este cumplimiento, de lo cual aún conservo el recorte del Miami Herald., porque un primo que vive en Miami nos vio en la TV y nos guardo las fotos de la prensa y también la obtuvimos en Cuba.

Después que termino el cóctel, aproveche para explicarle a la cónsul que aun no me habían dado la salida de mi hijo, que si podría perder las visas y ella me contesto que EU le mantendría las visas el tiempo que fuera necesario, a los emigrantes siempre que fuera la culpa de no viajar, del gobierno de Cuba. Ella tuvo la delicadeza, de concederme un pase permanente, para el acceso a la oficina de intereses, cada vez que yo lo necesitara o quisiera hablar con ella. Esta fue otra causa de la demora del permiso de viajar de mi hijo, por la furia y rencor del gobierno, la falta de libertad y justicia, el repudio y odio que Fidel Castro ha creado en Cuba contra los Estados Unidos sobrepasa las fronteras calculadas.

Ciertamente esto nos alivio a todos, pero el tiempo se extendió demasiado la incertidumbre los viajes, gestiones, a emigración procurando la tarjeta de salida, gestiones con amigos del MININT, cientos de visitas a Miramar donde se encontraba la unidad superior, acudía al comité militar provincial, que en este lugar era jefe el coronel Obrey que fue jefe, del estado mayor en la guerra de Etiopía, y por la consideración que me tenia, me atendió y me explico que Raúl Castro no quería a nadie en el Servicio Militar que quisiera emigrar, que esto todo era determinado por emigración. La alegría, mía de mis hijos y esposa era incomparable a pesar de que los caminos se nos cerraban, los días eran largos. Comencé a vender mis herramientas, y los equipos que poseía para mi trabajo como mecánico, era un buen dinero, deje de trabajar y abandone mis clientes y todos los amigos comunistas, a quienes les reparaba sus autos, se desaparecieron.

Detrás de mi angustia y desesperación, llego el alcohol, por su puesto me alcoholice bebía a diario, fumaba desenfrenadamente no dormía, bajaba a diario de peso, al igual que mi esposa.

Después, que ya sabia de donde dependía la autorización de mi hijo a viajar comenzó una terrible y estresada tarea, buscar la forma de introducirme entre las oficiales que trabajaban en estas oficinas para comprar, este permiso para salir de Cuba, comencé a contactar a oficiales de emigración, en esta oficina del municipio 10 de octubre, la corrupción provocada por las necesidades de alimentos, ropa, zapatos, útiles de aseo y limpieza, que solo se obtienen en Cuba con el dollar, por lo que la mayoría de estos oficiales carecen, ya me auguraba un buen resultado, y una segura victoria.

Empecé a comprar a estas, con lo que no poseían y escaseaban, Shampoo para el cabello, jabones de baño, perfumes, alimentos etc., les hice múltiples regalos, y atenciones, pero no encontraba la conexión correcta.

Un día, fui a realizarle un trabajo a un Medico estomatólogo cubano, muy amigo mió, el DR. Raúl Madrazo, que en paz descanse, el que al verme delgado y abatido se quedo preocupado, este señor poseía creencias religiosas y en una consulta espiritual que fue a hacerse, le hicieron una pregunta, ¿tienes, un familiar o amigo que esta enfermo o con un grave problema y a punto del suicidio?, el se quedo preocupado y se sentó a pensar después que salio de este lugar, al día siguiente me llamo a la casa y me comento lo que le había ocurrido, que el llamaría a este señor para hablarle de mi caso.

Este mismo día me llama para decirme que comento, a este sobre mi caso y me dijo que el tenia una cliente o ahijada que era la jefa de las oficinas de Emigración donde yo estaba acudiendo a buscar el permiso de mi hijo. El doctor al parecer había hablado con este mi problema me pregunto, si tenia a disposición $500 dólar y que los llevara a la casa de este señor, que seria lo que me cobraría por darme el tan esperado permiso de salida de mi hijo. Así lo hice, pero con las cosas que pasaban en Cuba, las estafas, y los robos que le hacían a las personas y que ya yo no confiaba en nadie, por lo cual yo y el doctor garantizábamos mi respeto y seriedad por lo que hasta que no me dieran el permiso no entregaba el dinero. Al día siguiente nos dirigimos a las oficinas y nunca nos llamaron para entregarnos el permiso, regresamos a la casa del señor y nos dijo que hubo un mal entendido que mañana seria una cosa segura, y así sucedió cuando nos presentamos al día siguiente nos entrego dicho permiso y personalmente la capitana jefe de esta oficina Consuelo quien nos comento, en varios años el apellido Ariet se le olvidaría y a lo que mi esposa respondió que también a ella el de Consuelo jamás se le olvidaría.

Regresamos a la casa del señor religioso y le entregue los $500 dólar de la capitana, y le regale $50 dólar, el martirio y suplicio habían terminado un año entero de llanto dolor y sufrimiento, como yo miles de cubanos han sido robados y abusados para salir del país no existe en Cuba ningún respeto a ciudadanos ni leyes, nadie ha tenido ni tendrá derechos de libertades y lo mas triste llevamos 52 años esperando a que se caiga el gobierno de Fidel, y que los americanos invadan el país para que la sangre nuestra no sea la que corra, que sea la de otro, yo se que estas son palabras muy fuertes pero yo no acuso a nadie, solo me acuso a mi mismo por que a pesar de tener 10 años de cdad cuando Fidel tomo el poder en Cuba, YO NO TUVE VALOR de tomar un arma y salir a defenderla, esta era la real solución, para la libertad de Cuba.

A los cubanos, es difícil creerle estos sucesos e historias que se viven en Cuba, siempre estamos alegres nos reímos hasta de nuestros problemas, razón por la que muchas historias y verdades no queden para ejemplo en las nuevas generaciones, pero Fidel Castro ha sido el hombre que ha logrado tomar las riendas de miles de cerebros humanos y llevarlos hasta las mas horrendas humillaciones.

La privación al desarrollo de cientos de seres humanos, por las leyes impuestas violando la constitución, y los derechos humanos, a varias generaciones obligo y esclavizó inteligentemente encerrándolos y poniéndolos a espaldas del mundo, y del desarrollo tecnológico. Todo en Cuba fue totalmente vetado por el HITLER de America evitando a toda costa el desarrollo de los cerebros cubanos, que pudieran traerle problemas con el poder, el que ha estado aunque su costo hayan sido muertes, crímenes, destrucción y dolor de miles de cubanos, sin las mas mínimas formas de humanidad y respeto.

En Cuba no puede haber otra mente que se desarrolle mas que la de Fidel Castro, los estudios universitarios solo sirven para poseer un titulo, cualquier cubano después de largos estudios termina desempleado, sin futuro, sin sueños, la cultura adquirida por estos se desmorona, además de ser dirigida sicológicamente, desde los estudios primarios con programas creados por el gobierno y solo con las bases comunistas y socialistas, a esto agregarle la lucha diaria de subsistencia, que los obliga también a reunirse con las masas que dominan las calles, el robo, la violencia social y la incultura ya generalizada por generaciones y de las nacientes que siguen el mismo ejemplo de sus antecesores, sin mas remedio que la de <estoy escapando> dicho cubano que significa estar bien.

Que hombre o mujer, de cualquier parte del mundo puede entender los sucesos que en Cuba acontecen, la pobreza es a nivel nacional, es en todas las provincias, ciudades y pueblos, actualmente Cuba tiene la apariencia del paso de un terremoto de alta intensidad. Los cubanos somos alegres hospitalarios, sentimentales, e ingeniosos hasta llegar a resistir la escasez que ni los mas pobres países de centro América se hayan imaginado. La poder manía de Fidel Castro, su sucio aspecto conocido en la universidad de La Habana con el apodo de bola de churre, según personas muy allegadas a el, que me han contado que siempre estaba con la camisa sudada ajada y sucia, apestando a héroe grajoso, que desde aquellos años llevaba la herencia Rusa en su sangre.

Muchos amigos míos del gobierno que fueron clientes míos de los autos, y que se tenían que codear diariamente con el, en muchas ocasiones me comentaban sobre su apatía, la intolerancia que se desprende de su mirada, a los demás su malebosidad y astucia para ser el primero en imponer sus criterios en reuniones, atento a cualquier gesto facial de los presentes al dar una orden o tarea, la más mínima seña de oposición para salirle al paso y demostrar su fuerza y poder.

En desacuerdo con mi exposición estarán muchos, y las criticaran, lo que aquí he relatado es todo verdad, no pretendo herir a ninguna persona por que no menciono nombres solo son letras, para la comprensión o entendimiento de mis anécdotas, y al menos tenga una identificación.

Sin duda alguna, la situación en mi país es tan grave que tanto yo, como miles de cubanos hemos tratado de quitarnos la responsabilidad y la culpa de todo este desastre.

Es tan extenso, lo que se puede narrar o escribir sobre la destrucción de Cuba, por culpa de la irrazonable y terca mente de un hombre que solo le ha interesado su posición de jefe y de guía de los pueblos oprimidos como el ha querido postularse, mi necesidad de escribir sobre el es que todas las personas en el mundo leyeran mi libro y supieran la realidad del llamado comunismo cubano. Que cuente o escriba sobre como era mi Cuba ya no tiene ningún sentido, que quiera demostrarlo es imposible pero lo que jamás nadie podrá quitarme es la satisfacción, que siento cuando hablo, comento y culpo a los responsables de mi destierro y la destrucción de mi Cuba.

No puedo dejar de comentar sobre temas como los que me ha costado emigrar, se especula mucho sobre el cubano, ladrón, delincuente, vulgar y realmente a muchos no les dolerá pero si recuerdan el comienzo de mi libro hable sobre la raza que existe de hombres y mujeres que no tuvieron educación, que no tuvieron familia, una educación básica y amorosa esto esta en todas partes del mundo, pero sin querer defender a mis paisanos se puede fácilmente dar cuenta, que el cubano no es asesino, no mata ni abusa, el cubano a diferencia de otros latinos, es emprendedor inteligente y astuto, solo con ver los sucesos en Egipto, Libia de actualidad se darán cuenta, que el pueblo de Cuba no se reviro o enfrento a Fidel por las razones antes cxpuestas, ningún otro pueblo o país hubiera soportado esta represión, el robo de libertad y de derechos humanos.

Para evitar malos entendidos, quiero aclarar que no quiero decir que nosotros somos cobardes, los cubanos somos hombres con dignidad y valor, pero la astucia de Fidel ha ido más allá de cualquier mente humana, Fidel y sus seguidores fueron capaces de centralizar la mente de los hombres para no pensar en mas nada que en la revolución, despojo al país de todo tipo de arma de fuego, creo un sistema de vigilancia y seguridad que ha sido impenetrable, y con la fuerte educación de las mentes de todos los cubanos de que el mayor enemigo de Cuba es el imperialismo Yanki.

Espero, que mi libro cumpla varios objetivos, el primero de protesta por los crímenes e injusticias de Fidel Castro y todos los que lo han secundado, sin distinción.

Segundo dejar plasmada alguna historia o datos que el mundo desconocía, y que existen muchas otras que jamás saldrán a la luz publica y de las que yo no tengo ni buena ni precisa información para hacerme responsable de ellas.

Tercero, que mis ponencias sean analizadas por los hombres, y se tomen unos minutos para estudiarlas, sobre todo los temas de las religiones que al igual que los abogados solo venden esperanza.

A manera de información, de cómo Fidel Castro se ha mantenido y obtuvo el poder de una tiranía de 52 años, y que quiero en un pequeño escrito dejarle saber al mundo después que haya interpretado mis exposiciones al comienzo del libro.

Cito, en el año 1959 Cuba era un país como los demás países latinoamericanos, existía la propiedad privada, el comercio con muchos países, la libertad de expresión, existían diferentes partidos políticos, la economía de mercado libre, y como en todo el mundo buenos, malos, ricos, clase media y pobres.

Durante años hubo interventores como España, Inglaterra, y Estados Unidos, existieron varios gobiernos y presidentes, hubo guerras, mártires, y hombres que entregaron sus vidas a la libertad de esta, cuando triunfó Fidel Castro el presidente del país era Fulgencio Batista llamado dictador por Fidel, pero hacia elecciones libres lo que nunca ha hecho Fidel. Este señor, estuvo en la presidencia en dos ocasiones, donde reinaba la democracia, económicamente la isla era una maravilla a tal punto de estar su economía por encima de muchos países, las principales fuentes de economía eran la producción de la caña de azúcar, que se efectuaba a mano, el corte, el alza y se transportaba en carretas con bueyes, y ferrocarril se producía azúcar y se exportaba a los Estados Unidos y muchos países, la producción era satisfactoria ya que todos los centrales, tierras, y los escasos equipos eran del sector privado quienes si necesitaban obtener ganancias, y por tanto velaban, y cuidaban, estos equipos como sus producciones. Al tomar el poder Fidel despojó de todas estas empresas privadas y compañías extranjeras a sus dueños para centralizar la economía. Todos estos equipos y recursos, fueron destruidos y sustituidos por equipos Rusos previamente ideados o adaptados por cubanos, para estas labores, debido a que los otros al ser explotados por manos inexpertas y que no eran de su propiedad fueron destruidos. Al Fidel cerrar el comercio con los EU las piezas de repuestos de la industria cubana desaparecieron, provocando cambios en la industria cubana que jamás volvió a ser fructífera. Otras producciones fueron modificadas, y cambiadas, bajo los caprichos de Fidel Castro que sumado al aferrado odio al Imperialismo Yanki, se provocó un autobloqueo comercial cerrándose ante el mundo y acabando con la economía cubana. Aún siendo asesorado por técnicos e ingenieros destruyó la producción de azúcar en Cuba dejándolo todo en ruinas, regaló centrales azucareros a Nicaragua y otros países que hoy siguen siendo productores y Cuba no produce ni el azúcar para su consumo interno.

Otra producción de importancia en Cuba era el tabaco, que fue destruido por la misma situación que la caña de azúcar, centralizar su cosecha y producción para su total control de cero dueño, ni privados que pudieran enriquecerse, cero intervención extranjera para asesoría en la producción, y venta de los productos. Rusia que poseen cientos de años de atraso, fueron sus elegidos entregándoles las industrias cubanas. Todo esto mas la emigración, de los especialistas, colocaron al país en la quiebra, por más de 50 años cero adelantos técnicos e industriales. La injusta y cruel situación impuesta por Fidel a Cuba, el aislamiento del mundo que él provocó trajo también a los ADIVINOS, técnicos directores, sin conocimientos, ni experiencia que el Partido Comunista, colocaba al frente de cualquier fabrica e industria, el solo hecho de ser de las filas del partido le daba a cualquier estupido la dirección de cualquier actividad, de producción o comercial.

Unido a la falta de equipos, estaba la de abonos, insecticidas y materias primas que siempre fueron justificadas por el bloqueo de los Estados Unidos y sabemos que sólo él ha sido responsable por la mala administración y dirección del país. Hoy Cuba no produce ni azúcar, ni tabaco, ni ganado ni nada.

Su afán de poder, egoísmo y ambición, mas sus técnicas bien pensadas y organizadas desde que tomo el poder en 1959, lo hacen un hombre ante el mundo inteligente pero su inteligencia ha sido utilizada para su propia conveniencia, desde la clandestinidad, su presidio, sus actividades juveniles en la universidad, en las calles y en la guerrilla, las fue coleccionando y analizando, para después del triunfo de la revolución, que no tuviera el mas mínimo tropiezo para mantenerse en el poder.

Fidel realizo un análisis de donde y como había surgido el movimiento 26 de julio para lograr la unión y organización de la indulgencia revolucionaria y el tenia que evitar que lo mismo le sucediera a el por lo que ideo, las organizaciones de jóvenes como la estudiantil media y la universitaria adjunto a la llamada UPC unión de pioneros de Cuba y UJC unión de jóvenes comunistas donde tenia el control total de los niños y jóvenes, de donde le podía salir una organización o líder en su contra, y a su vez adoctrinar y tener el control total de sus mentes y movimientos.

En el control de vecindarios, barrios y pueblo en general creo en cada cuadra los CDR comités de defensa de la revolución, control exhaustivo de posibles conspiraciones, reuniones y movimientos anti castristas, además de tener el control de robos, bolsa negra.

En los centros de producción y las empresas funciona el PCC Partido Comunista de Cuba donde todos los jefes son del partido y donde funciona un núcleo, que este responde a el Partido provincial y este al nacional, es un embudo que todo cae por el. Los sindicatos obreros han sido siempre una organización controlada y dirigida por el Partido Comunista donde no existen beneficios, ni defensa para los trabajadores solo, una imagen y control total de las conveniencias de La Revolución.

En el país se les fueron retiradas, todas las armas a los ciudadanos la tenencia de ella es contrarrevolución penado con los años que quieran los jueces, y sin defensa por que en Cuba no existen abogados para los ciudadanos, utilizan abogados de oficio que responden y temen a la represión y decisión del gobierno, la muestra esta en los presos políticos que a diario se ven en la televisión.

Los controles de embarcaciones, y aéreas son todas gubernamentales estas son controladas por el gobierno, no hay venta ninguna, y tiene 50 años de construida. El control de salida del país es minucioso, además le fueron integradas leyes y disposiciones en las que ellos mantienen el control, los únicos que disfrutan de estas son Fidel y su cúpula, además de los extranjeros y turismo bajo un control estricto. Hace 50 años, que no se venden ni autos, ni terrenos, ni casas, nada es posible en Cuba como en los países democráticos, el miedo de estas libertades por parte de Fidel Castro es tan grande que nada que pueda ser de enriquecimiento de las personas, es posible.

Los alimentos son controlados por el gobierno con una libreta, de abastecimiento que a través de los años han sido recortados, y en la actualidad le venden en moneda nacional al pueblo, ridículas raciones que a penas alcanzan para una semana, imagínese una onza de aceite para cocinar por cada persona para un mes, un jabón de lavar ropa, uno para bañarse, un tubo de pasta dental, es increíble el abuso de este Gobierno. La ropa, zapatos y artículos de vestir en las mismas condiciones controladas por una tarjeta y casi nunca tienen productos a la venta.

Los autos que caminan en el país son de los años 40, el combustible controlado para el pueblo, no alcanza ni para una semana, los servicios funerales son gratuitos pero existe un solo modelo de ataúd, y de tan mala calidad que puede romperse en el tiempo del velorio, las flores casi nunca se encuentran aunque posea el dinero.

Sin embargo Fidel y los dirigentes del gobierno y el Partido Comunista si tienen todos estos recursos y medios de vida, el cubano ha tenido que soportar durante todos estos años esta vil y criminal imposición de un sistema que no pertenece a ninguno de los creados por el hombre, solo responde a el manejo y conveniencia personal de Fidel Castro.

Durante 52 años no ha realizado elecciones gubernamentales, el temor de sus secuaces, y todo el que se encuentra en el gobierno, los obliga a elegirlo siempre además que si son removidos o votados de sus cargos, van a comer de la libreta de control alimenticio.

En el país funciona un sistema político, que según Fidel Castro es democrático y existe un solo Partido el Comunista ven ustedes el punto que he venido tocando durante todo el libro, el pueblo cubano ha sido embobecido, con el trabajo psicológico y adroctinado de Fidel y su gobierno, y todo el que se libere, o lo mata o tiene que abandonar la isla.

En Cuba jamás se han vendido materiales de construcción, pintura, ni ningún material para reparar o mantener su casa, por lo que ha obligado a la población a robarlos de lo contrario se derrumba su casa y queda en la calle. Cuba es hoy un país en ruinas, donde solo se ven algunas casas reparadas y pintadas en los barrios de los extranjeros, y de los dirigentes y altos jefes del gobierno

Aquí esta para los que simpatizan y apoyan este sistema, para los pueblos en que traten de imponérselo, como Venezuela la verdad de lo que les espera, a todos aquellos que me han preguntado el por que de la emigración riesgosa de los cubanos haciendo travesías por el estrecho de la Florida, por fronteras riesgosas, por países a los que llegan médicos, ingenieros, y profesionales perdiendo sus carreras y profesiones a lavar platos, a limpiar pisos etc. A estos que se preguntan el por que de las conseciones y privilegios que tenemos por parte de los Estados Unidos y otros países, compárelo con su país y el nuestro solamente con este pequeño ejemplo, el hombre mas pobre del mundo tiene derecho y esperanza de un día, mejorar o ser rico, tiene derecho, a comprar, y tener cuanto sea capaz, con su sacrificio y trabajo.

Fidel Castro nos ha obligado a ser emigrantes, a robar para comer, y hasta arriesgar nuestras vidas para buscar libertad.

ETIOPIA 1979

ETIOPIA 1979

CPSIA information can be obtained at www.ICGtesting.com

235307LV00002BA/166/P